Minna no Nihongo

みんなの日本語

Nível Intermediário I

中級 I 翻訳・文法解説 ポルトガル語版
Tradução e Notas Gramaticais

スリーエーネットワーク

© 2011 by 3A Corporation

All rights reserved. No part of this publication may be reproduced, stored in a retrieval system, or transmitted in any form or by any means, electronic, mechanical, photocopying, recording, or otherwise, without the prior written permission of the Publisher.

Published by 3A Corporation.
Trusty Kojimachi Bldg., 2F, 4, Kojimachi 3-Chome, Chiyoda-ku, Tokyo 102-0083, Japan

ISBN 978-4-88319-561-9 C0081

First published 2011
Printed in Japan

Prefácio

O livro **Minna no Nihongo Chukyu I** (Japonês para Todos - Nível Intermediário I) foi planejado e editado para compor um extenso programa de aprendizado do idioma japonês, em continuação aos livros **Minna no Nihongo Shokyu I** e **II** (Japonês para Todos - Nível Básico I e II). O **Minna no Nihongo Shokyu** (Japonês para Todos - Nível Básico), editado pela primeira vez em 1998, foi desenvolvido como um material didático de aprendizado da língua japonesa destinado aos adultos em geral, de forma que eles possam assimilar rapidamente as técnicas elementares do idioma. Contudo, apesar de, originalmente, o livro ter sido concebido para tais pessoas, ele tem sido utilizado como material de aprendizado do idioma japonês, não somente no Japão, como também em outros países, por estudantes estrangeiros que já estudam ou que desejam entrar em escolas japonesas.

Por outro lado, tendo em vista a redução do número de nascimentos no Japão, assim como a expansão das relações internacionais, continua a aumentar o número de estrangeiros que vêm a este país com a intenção de trabalhar e que aqui desejam residir permanentemente. Entre essas pessoas, o método de **Minna no Nihongo** tem sido amplamente utilizado como material de fácil aprendizado.

À medida que se diversifica o tipo de estudantes e aumenta a necessidade de livros didáticos, um grande número de pessoas das mais diversas áreas tem nos pedido para elaborar um livro de nível intermediário como continuação de **Minna no Nihongo Shokyu I** e **II**. Após escrever e reescrever por várias vezes e submeter o texto a muitos testes e estudos, elaboramos o livro **Minna no Nihongo Chukyu**, esperando que ele atenda às expectativas dos leitores.

Em um nível de conhecimento básico de japonês, as pessoas que necessitam se comunicar neste idioma devem ser capazes de transmitir suas ideias e compreender o que os outros dizem. No entanto, na nossa opinião, aos estudantes de nível intermediário se requer algo mais. Eles devem possuir um bom domínio do idioma para entender a cultura e os costumes do Japão. O conteúdo deste livro foi elaborado com o propósito de fornecer uma ampla assistência a esse tipo de estudantes.

Finalmente, para tornar possível a realização deste livro, contamos com a valiosa colaboração de muitas pessoas, incluindo as opiniões e experiências dos estudantes e professores efetuadas em salas de aula. Nesta oportunidade, desejamos expressar nossos sinceros agradecimentos a todos aqueles contribuíram para a sua execução. A 3A Corporation deseja continuar, não somente a desenvolver materiais educativos indispensáveis para uma sociedade de coexistência multicultural, como também a expandir a rede de comunicação entre as pessoas. Esperamos continuar contando com o seu valioso apoio para poder atingir esses objetivos.

Outubro de 2008
Michihiro Takai
Presidente, 3A Corporation

Notas Explicativas

I. Composição do Livro

O presente *Minna no Nihongo Chukyu I* (Japonês para Todos - Nível Intermediário I) consiste de *Texto Principal* (com CD) e *Tradução e Notas Gramaticais*. É prevista a publicação de versões de *Tradução e Notas Gramaticais* em várias línguas, além da versão em inglês.

Este livro visa ajudar os estudantes a desenvolverem a capacidade de estudar por si mesmos e as habilidades idiomáticas em geral, nos aspectos tais como de "Conversação e Compreensão Oral" e "Leitura e Escrita", que são necessários no nível intermediário preliminar (o que lhes permitirá passar do nível básico ao intermediário).

Minna no Nihongo Chukyu, composto por este presente livro "*Chukyu I*", e seguido pelo volume "*Chukyu II*", vai permitir que os estudantes aprendam o idioma japonês em um nível intermediário.

II. Conteúdo e Modo de Utilização do Livro

1. *Texto Principal* (com CD)

(1) Lições

Minna no Nihongo Chukyu I (que contém 12 lições no total) é a continuação de *Minna no Nihongo Shokyu I* e *II* (que contêm 50 lições no total). O seu conteúdo é como se explica a seguir.

1) Gramática e Prática

Os itens gramaticais de cada lição são indicados sob a forma de "sentença padrão", evitando a terminologia gramatical.

Quando a parte conectada de um enunciado é uma "sentença", indica-se com 「…」.

Exemplo: 「…ということだ」(Lição 2)

Quando a parte conectada de um enunciado é uma "frase", inclusive um substantivo, ela é indicada com 「～」.

Exemplo: 「～を～と言う」(Lição 1)

No entanto, mesmo que a parte conectada seja uma "sentença", esta será indicada com 「～」, se a sua terminação requerer uma forma especial como a "forma て", a "forma た", a "forma de dicionário", a "forma たら", a "forma ている", a "forma ば", etc.

Exemplo: 「～たら、～た」(Lição 2)

A maneira em que os itens gramaticais (sentenças padrão) são usados na realidade é ilustrada com exemplos de frases e diálogos. São proporcionadas "práticas" visando ajudar os estudantes a desenvolverem sua capacidade de usar os itens gramaticais, assim como as ilustrações, quando é necessário mostrar cenas e situações do contexto. As práticas foram elaboradas para que os estudantes falem com base nas sentenças padrão e desenvolvam temas de conversação, de modo a reforçar a capacidade de compreensão, tanto para conversação como para a leitura.

2) Conversação e Compreensão Oral

Situações de comunicação são selecionadas com enfoque em temas cotidianos e são organizados diálogos modelo. Ao trabalhar nesses exercícios, que foram preparados para estimular o interesse e a motivação para o aprendizado, os estudantes conseguem finalmente utilizar a conversação proposta sem ter que depender de memorização. Os personagens que aparecem nos diálogos de *Minna no Nihongo Shokyu I* e *II* também conversam em uma série de situações.

1. やってみましょう (Vamos tentar)

   Assim se introduz o diálogo proposto. Usando o japonês que já conhecem, os estudantes conversam na situação descrita, seguindo o que indicam as questões.

2. 聞いてみましょう (Vamos tentar ouvir)

   Os estudantes ouvem o "Diálogo" do CD, prestando muita atenção aos "pontos de compreensão oral" e às expressões de cada lição.

3. もう一度聞きましょう (Vamos ouvir mais uma vez)

   Os estudantes aperfeiçoam seu "Diálogo" preenchendo os espaços em branco ouvindo o CD (a maneira de ouvir se faz de acordo com o nível adequado de compreensão de cada estudante).

4. 言ってみましょう (Vamos tentar falar)

   Os estudantes tratam de repetir o "Diálogo" da mesma forma que no CD, dando ênfase na pronúncia e na entonação do "Diálogo".

5. 練習をしましょう (Vamos praticar)

   Os estudantes praticam as expressões e as frases empregadas no "Diálogo".

6. 会話をしましょう (Vamos conversar)

   Os estudantes praticam o "Diálogo" reproduzindo-o, vendo as ilustrações.

7. チャレンジしましょう (Vamos por à prova)

   Após ter entendido a situação e as relações descritas, os estudantes praticam a conversação proposta na lição.

3) Leitura e Escrita

Em 「読みましょう」 (Vamos ler), são proporcionados 12 "Textos de Leitura" diferentes para despertar o interesse dos estudantes e fazer com que eles apreciem a leitura.

1. 考えてみましょう (Vamos pensar)

   Os estudantes ativam os conhecimentos relacionados ao tema do "Texto de Leitura" a fim de se preparar para sua leitura.

2. ことばをチェックしましょう (Vamos confirmar as palavras)

   Mostra as palavras fundamentais necessárias para compreender o "Texto de Leitura" (incluindo o novo vocabulário). As palavras cujos significados são desconhecidos são confirmadas através da consulta ao dicionário, etc.

3. 読みましょう (Vamos ler)

   O "Texto de Leitura" de cada lição é acompanhado por 「読むときのポイント」 (Pontos essenciais na hora de ler), que definem as tarefas que visam fazer com que os estudantes pratiquem as técnicas e estratégias necessárias para compreender o material. O objetivo é capacitá-los a obter rapidamente uma compreensão mais precisa dos pontos essenciais do texto.

O texto pode ser lido em silêncio ou em voz alta, mas o último método também é considerado importante e o CD contém exemplos específicos de expressões vocais.

4. 答(こた)えましょう (Vamos responder)

Os estudantes fazem este exercício para comprovar se concluíram corretamente as tarefas definidas em 「読(よ)むときのポイント」. Há, também, conforme a necessidade, questões sobre o conteúdo pormenorizado dos textos.

5. チャレンジしましょう (Vamos por à prova)

O objetivo deste exercício é permitir que os estudantes mostrem seu conhecimento (falando ou escrevendo), suas próprias experiências ou acontecimentos do cotidiano relacionados ao conteúdo do "Texto de Leitura".

4) Exercícios

Em "Exercícios", incluem-se questões de compreensão oral (indicadas pelo símbolo de CD 🔊)), gramática e vocabulário. Os exercícios de compreensão oral estão compostos pela contestação de perguntas curtas após ouvir o CD, bem como pela compreensão dos pontos essenciais de uma breve conversação. Ambas estão relacionadas aos itens de aprendizado assimilados na lição e têm como objetivo fortalecer a compreensão oral dos estudantes. Os exercícios de gramática permitem confirmar se o estudante entendeu as novas "sentenças padrão" apresentadas em cada lição, enquanto os exercícios de vocabulário são destinados a capacitar os estudantes a se lembrarem e aplicarem, especialmente as palavras funcionais.

(2) Itens de aprendizado

1) "Conversação e Compreensão Oral"

① Título do "Diálogo"

② Objetivos (estratégia)

③ Itens gramaticais (sentenças padrão) apresentados em "Conversação e Compreensão Oral" (42 itens)

④ ＊ : explicações suplementares (ver "2. Tradução e Notas Gramaticais" nas Notas Explicativas) (9 itens)

2) "Leitura e Escrita"

① Título do "Texto de Leitura"

② Conselhos para a leitura (estratégia)

③ Itens gramaticais apresentados em "Leitura e Escrita" (sentenças padrão) (53 itens)

④ ＊ : explicações suplementares (ver "2. Tradução e Notas Gramaticais" nas Notas Explicativas) (8 itens)

(3) Escrita e *furigana*

1) Como regra geral, os caracteres em *kanji* foram selecionados da lista 「常用漢字表(じょうようかんじひょう)」 (lista de

caracteres chineses (*kanji*) usados comumente) e seu Anexo.

① As 「熟字訓」 (palavras compostas por dois ou mais caracteres que têm uma leitura especial) que aparecem no Anexo da lista 「常用漢字表」 estão escritas em *kanji*.

Exemplos: 友達　amigo　　眼鏡　óculos　　二十歳　20 anos de idade
　　　　　風邪　gripe

② Os nomes próprios, como os de países, regiões, assim como os nomes artísticos, culturais e aqueles que indicam as relações entre os membros de uma família, etc., são escritos com seus próprios *kanji* e leitura, mesmo quando não aparecem na lista 「常用漢字表」.

Exemplos: 厳島神社　Santuário Itsukushima　　夏目漱石　Natsume Soseki
　　　　　姪　sobrinha

2) Há algumas palavras em *kanji* que se encontram na lista 「常用漢字表」, assim como em seu Anexo, mas que são escritas em kana para facilitar a leitura por parte dos estudantes.

Exemplos: ある（有る, 在る）　ser, ter ou estar　　いまさら（今更）　tarde demais
　　　　　さまざま（様々）　diversos

3) Como regra geral, os números são apresentados em algarismos arábicos.

Exemplos: 9時　9 horas　　10月2日　2 de outubro　　90歳　90 anos de idade

No entanto, alguns caracteres em *kanji* são usados em determinados casos.

Exemplos: 一人で　sozinho　　一戸建て　uma casa isolada　　一日中　o dia inteiro

4) As leituras de todos os *kanji* que aparecem no Texto Principal de *Minna no Nihongo Chukyu I* são indicadas com furigana.

(4) Índices

1) Novo vocabulário (aproximadamente 910 palavras)
2) Expressões de conversação (aproximadamente 50)
3) *Kanji* (315 dos *kanji* constantes na lista de caracteres chineses usados comumente que aparecem nos "Textos de Leitura" de todas as 12 lições. São omitidos os caracteres em *kanji* citados no nível elementar.)

(5) Respostas

1) Respostas

① "Gramática e Prática", "Conversação e Compreensão Oral" e "Leitura e Escrita"

② "Exercícios" (incluindo as anotações dos exercícios de compreensão oral)

(Nos exercícios, algumas questões têm mais de uma resposta possível, dependendo da experiência do estudante. As respostas são dadas aqui apenas como exemplos.)

2) Anotações dos diálogos de "Conversação e Compreensão Oral"
3) Conteúdo do CD

(6) CD

O CD contém gravações de ① "Diálogos" de "Conversação e Compreensão Oral", ② Textos e

"Textos de Leitura" de "Leitura e Escrita" e ③ partes de "Compreensão Oral" de "Exercícios". Os estudantes aprendem, não somente a pronúncia, palavra por palavra, prestando atenção à acentuação e à entonação, como também podem aproveitar os "Diálogos" e as práticas para se acostumar ao japonês falado na velocidade normal e, assim, desenvolver sua capacidade de compreender os pontos essenciais em uma conversação e responder perguntas sobre o assunto.

Da mesma forma, quando os estudantes ouvem os textos de "Leitura e Escrita", podem desfrutar a riqueza das expressões em japonês, que variam dependendo do tipo do texto escrito. Devem prestar atenção à maneira de ler as diversas partes do texto e às mudanças de ritmo e tom, assim como a outros aspectos. Ao confirmar no CD, os estudantes podem desenvolver a base da capacidade geral para organizar suas ideias e aplicar seus conhecimentos ao falar e escrever.

2. *Tradução e Notas Gramaticais (versões disponíveis em diferentes idiomas)* (venda separada)

Compreendem as lições 1 a 12 e estão compostas pelos seguintes tópicos:

(1) Novo vocabulário e tradução

Novas palavras, expressões de conversação e nomes próprios são fornecidos, em ordem de aparecimento em cada lição.

(2) Notas gramaticais

1) Itens gramaticais

Os itens gramaticais (sentenças padrão) de cada lição foram recopilados a partir dos planos de estudo de gramática que são considerados necessários para os estudantes do nível intermediário.

2) Notas Gramaticais [versões disponíveis em diferentes idiomas]

A explicação gramatical é mantida ao nível mínimo necessário para os estudantes. Frases modelo são usadas para esclarecer o significado e a função, assim como para indicar quando e em que circunstâncias elas podem ser empregadas.

3) Conjunções e códigos

No *Texto Principal*, pensamos em uma maneira de poder fazer com que as conjunções possam ser fáceis de compreender através da apresentação dos itens gramaticais em forma de sentenças padrão e através de frases modelo, ao invés de usar terminologias gramaticais.

Em "Notas Gramaticais (versões disponíveis em diferentes idiomas)", mostram-se as formas de todas as conjunções para que os estudantes possam confirmá-las por si mesmos. A terminologia gramatical também é usada quando necessária.

4) Referências e notas adicionais

Uma segunda língua é assimilada, não somente formando-a de modo sequencial, desde a etapa de introdução, mas também trabalhando de uma forma espiral (combinando a nova gramática com o material previamente aprendido, através de repetição e reafirmação). As "Referências" mostram os itens apresentados em *Minna no Nihongo Shokyu*, assim como outros pontos relacionados. Igualmente, apesar de não aparecerem nas seções de "Grámatica e Prática", do *Texto Principal*, consideramos que seja útil os estudantes utilizarem como referência as notas suplementares (✽: nos "Itens de Aprendizado" da parte final do Texto Principal).

Aos Estudantes

A seguir, explicamos os pontos mais importantes para que os estudantes possam aprender de forma eficiente através de *Minna no Nihongo Chukyu I - Texto Principal* (com CD) e de *Minna no Nihongo Chukyu I - Tradução e Notas Gramaticais (versões disponíveis em diferentes idiomas)*, vendido separadamente.

I. *Minna no Nihongo Chukyu I - Texto Principal* (com CD)

1. Gramática e Prática

Em "Itens Gramaticais", comece observando os exemplos de orações para confirmar em que circunstâncias e situações as sentenças padrão e expressões podem ser utilizadas. Compare-as, também, com as sentenças padrão e expressões aprendidas no nível básico que expressam situações similares. Em seguida, confirme as conjunções, faça os exercícios, tratando de utilizá-las na prática em "Conversação e Compreensão Oral", assim como em "Leitura e Escrita".

2. Conversação e Compreensão Oral (Diálogos)

Primeiramente, no exercício 「やってみましょう」(Vamos tentar), crie uma conversação com as palavras que já conhece. Em seguida, no exercício 「聞いてみましょう」(Vamos tentar ouvir), ouça o CD prestando atenção também nas expressões e frases. No exercício 「もう一度聞きましょう」(Vamos ouvir mais uma vez), ouça o CD mais uma vez, e escreva a palavra ou a expressão no espaço vazio. Em seguida, em 「言ってみましょう」(Vamos tentar falar), leia em voz alta ouvindo a pronúncia e a entonação junto ao CD. E mais, em 「練習をしましょう」(Vamos praticar), pratique as expressões usadas no diálogo. Finalmente, no exercício 「会話をしましょう」(Vamos conversar), faça uma conversação vendo a ilustração.

Praticando dessa forma, você poderá conversar naturalmente, sem ter que memorizar as expressões à força, e se tornará capaz de efetuar facilmente o exercício expansivo 「チャレンジしましょう」(Vamos por à prova).

Outrossim, os textos dos diálogos se encontram em 「解答」(Respostas), no final do livro.

3. Leitura e Escrita (Textos de Leitura)

Prepare-se antes de ler o texto. No exercício 「考えてみましょう」(Vamos pensar), vamos pensar sobre os temas relacionados ao texto e conversar com os colegas da classe e professores. Em seguida, em 「ことばをチェックしましょう」(Vamos confirmar as palavras), revise as palavras que aparecem no texto. Quando não compreender algo, consulte a lista de novos vocábulos de *Minna no Nihongo Chukyu I - Tradução e Notas Gramaticais (versões disponíveis em diferentes idiomas)* e dicionários.

Depois, leia o texto no exercício 「読みましょう」(Vamos ler). Siga as instruções de 「読むときのポイント」(Pontos essenciais na hora de ler), que serão necessárias para compreender o conteúdo do texto.

Por último, faça o exercício 「答えましょう」 (Vamos responder) para confirmar até que nível você compreendeu o texto. Faça, também, o exercício de 「チャレンジしましょう」 (Vamos por à prova) para coordenar os detalhes relacionados à compreensão da leitura, apresentando o que você sabe ou vivenciou com relação ao tema do texto, fazendo uma composição, etc.

No final do livro, há um "Índice de *kanji*", no qual se pode consultar os 315 *kanji* (常用漢字), caracteres chineses usados comumente, utilizados neste texto (não se incluem os *kanji* do nível básico) por ordem de aparecimento. Este será um recurso útil para aprender a ler e escrever *kanji*, assim como para estudar seus significados e usos.

4. Exercícios (Revisão)

Resolva esses exercícios para se assegurar de que compreendeu perfeitamente o significado e o uso dos itens gramaticais, assim como o novo vocabulário da lição que está estudando. As "Respostas" se encontram no final do livro.

5. CD (🔊 : Símbolo de CD)

O CD contém gravações de ① "Diálogos" de "Conversação e Compreensão Oral", ② "Textos de Leitura" de "Leitura e Escrita" e ③ partes de "Compreensão Oral" dos "Exercícios".

🔊 Em "Diálogos", a velocidade dos diálogos aumenta gradativamente à medida que as lições avançam. Utilize-os para se acostumar ao japonês falado na velocidade normal e pratique a compreensão oral dos pontos essenciais das conversações.

🔊 Em "Textos de Leitura", ao escutar o CD, preste atenção ao ritmo e ao tom, assim como à forma em que cada parte do texto deve ser lida.

🔊 Em "Exercícios", aplique os pontos aprendidos na lição e confirme sua compreensão oral.

II. *Minna no Nihongo Chukyu I - Tradução e Notas Gramaticais (versões disponíveis em diferentes idiomas)* (Vendido à parte)

O livro *Tradução e Notas Gramaticais* é composto pelo "Novo Vocabulário" e "Notas Gramaticais".

1. Novo Vocabulário

Os novos vocábulos, as expressões de conversação e os nomes próprios se encontram em ordem de aparecimento em cada uma das lições. Confirme o modo de utilização dos aproximadamente 1.000 termos do novo vocabulário e das expressões de conversação no texto principal, juntamente com os aproximadamente 2.000 termos aprendidos nos textos do nível básico, e "pratique" repetidamente, desenvolvendo sua capacidade de usá-los e aplicá-los nas conversações.

2. Notas Gramaticais

As Notas Gramaticais explicam gramaticalmente cerca de 100 itens gramaticais (sentenças padrão) que aparecem nas seções de "Conversação e Compreensão Oral" (Diálogos) e "Leitura e Escrita" (Textos de Leitura) de cada lição. Melhore sua capacidade de utilizar os itens gramaticais (sentenças padrão) mediante o aprendizado de seu significado e suas funções, e assimile a compreensão dos mesmos em situações de conversação real ou no contexto dos Textos de Leitura.

Este livro *Minna no Nihongo Chukyu I* foi elaborado visando ajudar os estudantes a conseguirem uma transição mais harmoniosa entre o nível básico e o nível intermediário do aprendizado do idioma japonês. As quatro funções (conversação, compreensão oral, leitura e escrita) das palavras e expressões se apresentam de uma forma equilibrada e divertida de se aprender. Esperamos poder contribuir ao desenvolvimento da capacidade idiomática no nível intermediário preliminar, de modo que o conteúdo estudado se torne em um ponto de partida para prosseguir ao seguinte passo (nível intermediário posterior e nível avançado).

Termos Utilizados no Aprendizado

日本語	Português	課	日本語	Português	課
依頼 (いらい)	solicitação	7	判断 (はんだん)	decisão	1
引用 (いんよう)	citação	6	比較 (ひかく)	comparação	9
確認 (かくにん)	pedir a confirmação	5	否定の意志 (ひていのいし)	intenção em forma negativa	6
過去の意志 (かこのいし)	intenção em tempo passado	6	比喩 (ひゆ)	semelhança	1
勧誘 (かんゆう)	convite	10	文脈指示 (ぶんみゃくしじ)	pronome demonstrativo contextual	5
義務 (ぎむ)	obrigação	6	変化 (へんか)	mudança	11
経験 (けいけん)	experiência	11	理由 (りゆう)	motivo	1
継続 (けいぞく)	ação contínua	11	例示 (れいじ)	exemplo	1
経歴 (けいれき)	antecedentes	11			
結果 (けっか)	resultados	1			
結果の状態 (けっかのじょうたい)	situação resultante	11	移動動詞 (いどうどうし)	verbo que indica movimento	5
原因 (げんいん)	causa	8			
限定 (げんてい)	limite	6	感情動詞 (かんじょうどうし)	verbo que indica emoção	7
根拠 (こんきょ)	justificativa	1	状態動詞 (じょうたいどうし)	verbo que indica uma situação	9
指示 (しじ)	instrução	7			
事態の出現 (じたいのしゅつげん)	surgimento de uma circunstância	6	複合動詞 (ふくごうどうし)	verbo composto	10
			疑問詞 (ぎもんし)	termo interrogativo	5
習慣 (しゅうかん)	hábito	11	固有名詞 (こゆうめいし)	nome próprio	1
手段 (しゅだん)	método	11	格助詞 (かくじょし)	partícula indicadora de caso	4
状況からの判断 (じょうきょうからのはんだん)	avaliação a partir de uma situação	1	終助詞 (しゅうじょし)	partícula de final de oração	7
条件 (じょうけん)	condicional	9			
推量 (すいりょう)	dedução	5	助数詞 (じょすうし)	quantificador	1
提案 (ていあん)	sugestão	11			
丁寧な依頼表現 (ていねいないらいひょうげん)	expressão polida de solicitação	1	受身 (うけみ)	passivo	7
			間接受身 (かんせつうけみ)	passivo indireto	12
伝聞 (でんぶん)	rumores	4	使役受身 (しえきうけみ)	causativo-passivo	4
動作の列挙 (どうさのれっきょ)	enumeração de ações	12	意向形 (いこうけい)	forma volitiva	5

		課
中止形 (ちゅうしけい)	forma descontínua	4
である体 (である たい)	estilo である	4
丁寧形 (ていねいけい)	forma polida	4
普通形 (ふつうけい)	forma informal	1
会話 (かいわ)	conversação	5
文章 (ぶんしょう)	sentença	5
仮定 (かてい)	hipótese	2
使役 (しえき)	causativo	4
感情使役 (かんじょうしえき)	causativo emocional	7
完了 (かんりょう)	perfeito	2
逆接 (ぎゃくせつ)	conjunção adversativa	1
反事実的用法 (はんじじつてきようほう)	uso em situação hipotética	9
付帯状況 (ふたいじょうきょう)	circunstâncias concomitantes	11
並列 (へいれつ)	parataxe	11
名詞修飾 (めいししゅうしょく)	modificação de substantivo	8
語幹 (ごかん)	raiz	12
主題 (しゅだい)	tema	6
節 (せつ)	oração	5
尊敬語 (そんけいご)	expressão respeitosa	9
同格 (どうかく)	aposição	4

Abreviaturas dos Termos Gramaticais

S	Substantivo（名詞）
A	Adjetivo（形容詞）
A い	Adjetivo い（い形容詞）
A な	Adjetivo な（な形容詞）
V	Verbo（動詞）
Vi.	Verbo intransitivo（自動詞）
Vt.	Verbo transitivo（他動詞）
Forma V ます	Forma verbal ます（動詞ます形）
Forma V dic	Forma verbal de dicionário（動詞辞書形）
Forma V ない	Forma verbal ない（動詞ない形）
Forma V た	Forma verbal た（動詞た形）
Forma V て	Forma verbal て（動詞て形）
O	Oração（文）

Personagens

マイク・ミラー／ Mike Miller
Americano,
funcionário da IMC

松本 正／ Matsumoto, Tadashi
Japonês, chefe de
departamento da IMC (Osaka)

佐藤 けい子／ Satō, Keiko
Japonesa,
funcionária da IMC (Osaka)

中村 秋子／ Nakamura, Akiko
Japonesa,
chefe da seção de vendas da IMC

山田 一郎／ Yamada, Ichirō
Japonês,
funcionário da IMC (Osaka)

山田 友子／ Yamada, Tomoko
Japonesa,
funcionária de banco

ジョン・ワット／ John Watt
Inglês,
professor da Universidade Sakura

太郎／ Tarō
Japonês, estudante de escola primária
(8 anos), filho de Ichiro e Tomoko Yamada

タワポン／ Thawaphon
Tailandês,
estudante da Universidade Sakura

森／ Mori
Japonês,
professor da Universidade Sakura

イー・ジンジュ／ Lee Jin Ju
Coreana,
pesquisadora do AKC

広田／ Hirota
Japonês,
estudante da Universidade Sakura

佐野／ Sano
Japonesa,
dona de casa

野村／ Nomura
Japonesa,
dona de casa

ホセ・サントス／ José Santos
Brasileiro,
funcionário da Brazil Air

マリア・サントス／ Maria Santos
Brasileira,
dona de casa

カリナ／ Karina
Indonésia,
estudante da Universidade Fuji

テレサ／ Teresa
Brasileira, estudante de escola primária
(9 anos), filha de José e Maria Santos

池田／ Ikeda
Japonês,
funcionário da Brazil Air

カール・シュミット／ Karl Schmidt
Alemão, engenheiro da
Power Electric Company

クララ・シュミット／ Klara Schmidt
Alemã,
professora de alemão

ワン・シュエ／ Wang, Xue
Chinês,
médico do Hospital de Kobe

ハンス／ Hans
Alemão, estudante de escola primária
(12 anos), filho de Karl e Klara Schmidt

リンリン／ Lin Lin
Chinesa,
sobrinha de Wang Xue

渡辺 あけみ／ Watanabe, Akemi
Japonesa,
funcionária da Power Electric Company

* IMC（empresa fictícia de software de computador）
* AKC（アジア研究センター：instituto fictício de pesquisas da Ásia）

Conteúdo

Prefácio

Notas Explicativas

Aos Estudantes

Termos Utilizados no Aprendizado

Abreviaturas dos Termos Gramaticais

Personagens

Parte 1   Novo Vocabulário

Lição 1 2

Lição 2 6

Lição 3 9

Lição 4 12

Lição 5 16

Lição 6 19

Lição 7 23

Lição 8 26

Lição 9 29

Lição 10 33

Lição 11 37

Lição 12 42

Parte 2   Notas Gramaticais

Lição 1 ··· 46

1．～てもらえませんか・～ていただけませんか
　　～てもらえないでしょうか・～ていただけないでしょうか
2．～のようだ・～のような～・～のように…
3．～ことは／が／を
4．～を～と言う
5．～という～
6．いつ／どこ／何／だれ／どんなに～ても

話す・聞く

　　～じゃなくて、～

読む・書く

　　…のだ・…のではない
　　何人も、何回も、何枚も…

Lição 2 ··· 51

1．(1)(2) ～たら、～た
2．～というのは～のことだ・～というのは…ということだ
3．…という～
4．…ように言う／注意する／伝える／頼む
5．～みたいだ・～みたいな～・～みたいに…

話す・聞く

　　～ところ

Lição 3 ··· 54

1．～(さ)せてもらえませんか・～(さ)せていただけませんか
　　～(さ)せてもらえないでしょうか・～(さ)せていただけないでしょうか
2．(1) …ことにする
　　(2) …ことにしている
3．(1) …ことになる
　　(2) …ことになっている
4．～てほしい・～ないでほしい
5．(1) ～そうな～・～そうに…

(2) 〜なさそう

(3) 〜そうもない

話す・聞く

〜たあと、…

Lição 4 59

1. …ということだ
2. …の・…の？
3. 〜ちゃう・〜とく・〜てる
4. 〜（さ）せられる・〜される
5. 〜である
6. 〜ます、〜ます、…・〜くも、〜くも、…
7. (1) 〜（た）がる

   (2) 〜（た）がっている
8. …こと・…ということ

話す・聞く

〜の〜

〜ましたら、…・〜まして、…

Lição 5 65

1. (1) あ〜・そ〜

   (2) そ〜
2. …んじゃない？
3. 〜たところに／で
4. (1) (2) 〜（よ）うとする／しない
5. …のだろうか
6. 〜との／での／からの／までの／への〜
7. …だろう・…だろうと思う

話す・聞く

…から、〜てください

読む・書く

が／の

Lição 6 71

1．(1) …て…・…って…
   (2) ～って…
2．(1) ～つもりはない
   (2) ～つもりだった
   (3) ～たつもり・～ているつもり
3．～てばかりいる・～ばかり～ている
4．…とか…
5．～てくる
6．～てくる・～ていく

> 読む・書く

　　こ～

Lição 7 76

1．(1) ～なくてはならない／いけない・～なくてもかまわない
   (2) ～なくちゃ／～なきゃ［いけない］
2．…だけだ・［ただ］…だけでいい
3．…かな
4．(1) ～なんか…
   (2) …なんて…
5．(1) ～（さ）せる
   (2) ～（さ）せられる・～される
6．…なら、…

> 読む・書く

　　～てくれ

Lição 8 82

1．(1)(2) ～あいだ、…・～あいだに、…
2．(1)(2) ～まで、…・～までに、…
3．～た～
4．～によって…
5．～たまま、…・～のまま、…
6．…からだ

話す・聞く
　　髪／目／形 をしている

Lição 9 86

1．お ～ます です
2．～てもかまわない
3．…ほど～ない・…ほどではない
4．～ほど～はない／いない
5．…ため［に］、…・…ためだ
6．～たら／～ば、…た

Lição 10 90

1．(1) …はずだ
　　(2) …はずが／はない
　　(3) …はずだった
2．…ことが／もある
3．～た結果、…・～の結果、…
4．(1) ～出す
　　(2) ～始める・～終わる・～続ける
　　(3) ～忘れる・～合う・～換える

読む・書く
　　…ということになる

Lição 11 95

1．～てくる・～ていく
2．～たら［どう］？
3．…より…ほうが…
4．～らしい
5．…らしい
6．～として
7．(1) ～ず［に］…
　　(2) ～ず、…
8．～ている

話す・聞く

〜なんかどう？

Lição 12 ··· 101

1．…もの／もんだから
2．(1) 〜（ら）れる
　　(2) 〜（ら）れる
3．〜たり〜たり
4．〜っぱなし
5．(1) …おかげで、…・…おかげだ
　　(2) …せいで、…・…せいだ

話す・聞く

…みたいです

読む・書く

どちらかと言えば、〜ほうだ
〜ます／ませんように

Itens de Aprendizado ·· 108

Parte 1
Novo Vocabulário

Lição 1

どのように		como, de que forma
迷う［道に〜］	まよう［みちに〜］	perder-se [〜 na rua]
先輩	せんぱい	veterano (estudante, colega, etc.)
まるで		como si fosse
明るい 　［性格が〜］	あかるい 　［せいかくが〜］	alegre [caráter 〜]
父親	ちちおや	pai (cf. 母親 ははおや : mãe)
湖	みずうみ	lago
目指す	めざす	visar, ter como meta
命	いのち	vida
おせち料理	おせちりょうり	comida tradicional japonesa de Ano Novo
初詣で	はつもうで	costume tradicional de visitar um santuário ou templo durante o Ano Novo para orar pela felicidade
畳	たたみ	tatame (esteira de palha de arroz entrançada que serve de piso nas habitações japonesas)
座布団	ざぶとん	almofada quadrada para se sentar no piso
床	ゆか	piso
正座	せいざ	posição formal de se sentar no chão com os joelhos dobrados
おじぎ		reverência (saudação)
作家	さっか	escritor
〜中［留守〜］	〜ちゅう［るす〜］	enquanto 〜 [〜 não estava]
いっぱい		cheio, abarrotado
どんなに		por mais que
立派［な］	りっぱ［な］	maravilhoso, magnífico
欠点	けってん	defeito, ponto fraco
〜過ぎ	〜すぎ	após 〜, depois de 〜
似合う	にあう	ficar bem em, combinar com

それで		assim que, por conseguinte
お礼	おれい	agradecimento, gratidão
ポイント		pontos-chave
内容	ないよう	conteúdo
聞き取る	ききとる	compreender oralmente
表現	ひょうげん	expressão
迷う［ＡかＢか〜］	まよう	estar indeciso [〜 entre A e B]
部分	ぶぶん	parte
市民	しみん	cidadão
会館	かいかん	salão de eventos
市民会館	しみんかいかん	centro comunitário, centro (salão) municipal
伝統的［な］	でんとうてき［な］	tradicional
実際に	じっさいに	na realidade, de fato
そういう		tal (que indica algo antes mencionado)
ふだん		normalmente, habitualmente
何とか	なんとか	de uma maneira ou de outra, de um (algum) modo ou de outro
イントネーション		entonação
奨学金	しょうがくきん	bolsa de estudos
推薦状	すいせんじょう	carta de recomendação
交流	こうりゅう	intercâmbio (cf. 交流パーティー : festa de intercâmbio)
司会	しかい	presidente (de uma reunião ou acontecimento social)
目上	めうえ	mais velha
断る	ことわる	recusar
引き受ける	ひきうける	aceitar
印象	いんしょう	impressão
チェックする		confirmar
［お］住まい	［お］すまい	residência
たたむ		dobrar
重ねる	かさねる	sobrepor, empilhar
板張り	いたばり	revestimento de madeira (de piso, teto, etc.)
素足	すあし	sem meias

使い分ける	つかいわける	usar de acordo com a situação
良さ	よさ	mérito, pontos a favor
読み取る	よみとる	compreender mediante a leitura
旅行者	りょこうしゃ	turista, viajante
～者	～しゃ	pessoa ～ (que faz algo)
最も	もっとも	o mais
非常に	ひじょうに	muito, extremamente
それほど		até esse ponto, tanto
代表する	だいひょうする	representar
全体	ぜんたい	inteiro
敷く	しく	estender, colocar (uma esteira tatame, um acolchoado, uma almofada para piso)
ちょうど		justo, exato
何枚も	なんまいも	vários (objetos planos)
つける [名前を～]	[なまえを～]	por [～ um nome]
やまとことば		palavra de origem genuinamente japonesa
動かす	うごかす	mover
組み合わせる	くみあわせる	combinar, unir
客間	きゃくま	quarto de hóspedes
居間	いま	sala de estar
仕事部屋	しごとべや	sala de trabalho, sala de estudos
ワラ		palha
イグサ		junco
呼吸する	こきゅうする	respirar
湿気	しっけ	umidade
取る [湿気を～]	とる [しっけを～]	retirar [～ a umidade]
快適 [な]	かいてき [な]	confortável, agradável
清潔 [な]	せいけつ [な]	limpo, asseado
本文	ほんぶん	texto
一戸建て	いっこだて	casa independente
小学生	しょうがくせい	aluno de escola primária

日常生活　　　　　にちじょうせいかつ　　vida cotidiana

あのう、〜ていただけないでしょうか。　　Desculpe, poderia...?

> Ao pedir um favor difícil de solicitar, inicia-se a frase com「あのう」[Desculpe,...], que indica hesitação.

何<small>なん</small>とかお願<small>ねが</small>いできないでしょうか。　　Não haveria algum modo de poder atender ao meu pedido?

> Manifesta a intenção de obter um favor, apesar de saber que a solicitação é ilógica.

うちでよければどうぞ。　　Se a nossa casa lhe parecer bem, fique à vontade.

お役<small>やく</small>に立<small>た</small>ててよかったです。　　Me alegro de ter sido útil.

お預<small>あず</small>かりします。　　Ficaremos a cargo dele.

村上春樹<small>むらかみはるき</small>　　Haruki Murakami : Escritor e tradutor (1949-)
『ノルウェイの森<small>もり</small>』　　Tokyo blues : Uma das obras mais conhecidas de Haruki Murakami (traduzida a muitos idiomas)
南太平洋<small>みなみたいへいよう</small>　　Sul do Pacífico
トンガ王国<small>おうこく</small>　　Reino de Tonga
バオバブ　　Baobab : Árvore originária da África
マダガスカル　　Madagáscar
タタミゼ　　Tatamiser : Na França, esta palavra se refere a uma pessoa que adota o estilo de vida e a cultura do Japão.

Lição 2

ふく［ガラスを～］		limpar com um pano [～ o vidro]
結果	けっか	resultado
外来語	がいらいご	palavra de origem estrangeira
守る［地球を～］	まもる［ちきゅうを～］	proteger [～ a Terra]
ソフトウェア		software
メール		correio eletrônico
郵便	ゆうびん	correios
Eメール	イーメール	correio eletrônico
栄養	えいよう	nutrição
カロリー		caloria
エコ		ecológico, preocupação com o meio ambiente
環境	かんきょう	meio ambiente
アポ		compromisso
省エネ	しょうエネ	economizar energia, reduzir o consumo de energia
学習する	がくしゅうする	aprender
記事	きじ	reportagem, artigo
分ける［ごみを～］	わける	separar [～ o lixo]
うわさ		rumores
辺り	あたり	proximidades
アドバイス		conselho
事件	じけん	incidente, caso
奪う	うばう	tomar, roubar
干す	ほす	secar
以外	いがい	exceto, fora
つく［うそを～］		dizer [～ uma mentira]
ロボット		robô
本物	ほんもの	de verdade, verdadeiro
飛ぶ［空を～］	とぶ［そらを～］	voar [～ pelo céu]

オレンジ		laranja
パジャマ		pijama
四角い	しかくい	quadrado
腕	うで	braço
つける［腕に～］	［うでに～］	colocar [～ no braço]
ふるさと		terra natal
話しかける	はなしかける	dirigir-se, falar com
不在連絡票	ふざいれんらくひょう	aviso de tentativa de entrega
～宅	～たく	casa de ～, residência de ～
工事	こうじ	obra
休日	きゅうじつ	feriado, dia de descanso
断水	だんすい	corte de água
リモコン		controle remoto, comando à distância
ロボコン		concurso de robôs
苦手［な］	にがて［な］	não ser hábil em
紛らわしい	まぎらわしい	confuso
正確［な］	せいかく［な］	correto
バランス		balanço, equilíbrio
引く［線を～］	ひく［せんを～］	traçar [～ uma linha]
筆者	ひっしゃ	escritor, autor
いまだに		mesmo agora, ainda
とんでもない		um fato absurdo, De maneira nenhuma!
宇宙人	うちゅうじん	extraterrestre
全く	まったく	completamente
別の	べつの	outro, diferente
～自身	～じしん	por si mesmo
友人	ゆうじん	amigo
また		além disso, de outra forma
ライス		arroz
アドレス		endereço
メールアドレス		endereço de correio eletrônico
プレゼン		apresentação

アイデンティティ		identidade
コンプライアンス		conformidade
例えば	たとえば	por exemplo
ポリシー		política, princípios
場合	ばあい	caso, situação
％	パーセント	por cento
普通に	ふつうに	normalmente, comumente
いまさら		a estas alturas
必要	ひつよう	necessidade
なくてはならない		indispensável
取る ［バランスを〜］	とる	obter [〜 o equilíbrio]
文章	ぶんしょう	sentença
比べる	くらべる	comparar

お忙（いそが）しいところ、……。	Sinto interrompê-lo...
Para se dirigir a alguém, tendo em conta sua situação.	
それで……。	E, então, ...
Para escutar o que alguém diz e lhe pedir que continue fazendo-o.	
僕自身（ぼくじしん）もそうだけど、……。	Eu também sou assim, mas ...
何（なに）が何（なん）だかわからない。	Não sei do que se trata.

Lição 3

インタビューする		entrevistar
担当する	たんとうする	encarregar-se de, ser responsável por
アルバイト先	アルバイトさき	lugar onde trabalha em tempo parcial
〜先	〜さき	lugar de 〜
店長	てんちょう	gerente
研修	けんしゅう	estágio, treinamento
話し合う	はなしあう	discutir, trocar opiniões
通勤する	つうきんする	ir à companhia, deslocar-se diariamente ao trabalho
これまで		até agora
減らす	へらす	reduzir
引っ越す	ひっこす	mudar-se
〜か国	〜かこく	(número de) países
家庭	かてい	família, lar
事情	じじょう	circunstâncias, razões
幼稚園	ようちえん	jardim-de-infância
昼寝する	ひるねする	fazer a sesta
帰国する	きこくする	voltar ao país natal
来社	らいしゃ	vir alguém à empresa
新製品	しんせいひん	novo produto
新〜	しん〜	novo, recente, último
発表会	はっぴょうかい	apresentação
いつまでも		para sempre, indefinidamente
景気	けいき	economia, situação econômica
これ以上	これいじょう	mais que isto, mais
森	もり	bosque
声［市民の〜］	こえ［しみんの〜］	voz [a 〜 do povo]
受ける ［インタビューを〜］	うける	dar [〜 uma entrevista]
要望	ようぼう	desejo, pedido

本当は	ほんとうは	na realidade
おとなしい		tranquilo, pacífico
しゃべる		falar
振る［彼女を～］	ふる［かのじょを～］	dar o fora [～ à namorada]
Tシャツ	ティーシャツ	camiseta
数	かず	número, quantidade
切る［電話を～］	きる［でんわを～］	cortar [～ o telefonema]
秘書	ひしょ	secretária
教授	きょうじゅ	professor
わざわざ		dar-se o trabalho de, ter o trabalho de,
取る［時間を～］	とる［じかんを～］	reservar [～ tempo]
できれば		se possível
変更する	へんこうする	mudar
急用	きゅうよう	assunto urgente
気にする	きにする	preocupar-se, ter em mente
取引先	とりひきさき	cliente
学生用	がくせいよう	para estudante
～用［学生～］	～よう［がくせい～］	para uso [～ de estudantes]
コンピューター室	コンピューターしつ	sala de computação
～室	～しつ	sala de ～
渋滞	じゅうたい	congestionamento
瞬間	しゅんかん	instante, momento
意識	いしき	consciência, sentido
アンケート		enquete
調査	ちょうさ	pesquisa, investigação
傾向	けいこう	tendência
避ける	さける	evitar
悲観的［な］	ひかんてき［な］	pessimista
グラフ		gráfico
時	とき	tempo
最高に	さいこうに	o melhor, o mais
もう一つ	もうひとつ	outro, mais um

あいだ		durante, enquanto
前者	ぜんしゃ	o primeiro, o anterior
後者	こうしゃ	o segundo, o último
やはり		como se previa
恋	こい	amor
幸せ	しあわせ	felicidade
感じる	かんじる	sentir
寝坊する	ねぼうする	dormir além do horário previsto
危険	きけん	perigo
寝顔	ねがお	rosto de uma pessoa que está dormindo

お電話、代わりました。	Alô (Pronto), é [nome] falando.
どうかしましたか。	O que houve?
わざわざ～ていただいたのに、……。	Depois de ter passado por tantos inconvenientes...

Usa-se para comunicar a alguém que lamenta o fato de ter feito com que sua amabilidade tivesse sido em vão.

困りましたね。	Que problema, não?
できれば、～ていただけないでしょうか。	Se possível, poderia ...?

Usa-se para comunicar um desejo de maneira reservada.

おいでください。	Venha, por favor.
申し訳ありませんでした。	Não sei como me desculpar.

東北　　　　　Tohoku : Região nordeste do Japão (formada pelas províncias de Aomori, Iwate, Akita, Yamagata, Miyagi e Fukushima)

Lição 4

検査する	けんさする	examinar, analisar
明日	あす	amanhã
能力	のうりょく	capacidade
バザー		bazar
マスク		máscara cirúrgica
スーツケース		mala
目が覚める	めがさめる	despertar
朝礼	ちょうれい	reunião matinal
校歌	こうか	hino escolar
敬語	けいご	linguagem polida
感想文	かんそうぶん	descrição escrita sobre as impressões
運動場	うんどうじょう	campo de esportes
いたずら		travessura
美しい	うつくしい	belo, bonito
世紀	せいき	século
平和［な］	へいわ［な］	pacífico
人々	ひとびと	gente, pessoas
願う	ねがう	desejar, pedir, esperar
文	ぶん	oração, estilo
書き換える	かきかえる	reescrever
合わせる	あわせる	combinar
もともと		originalmente
若者	わかもの	jovem
～湖	～こ	lago ～
深い	ふかい	fundo, profundo
さまざま［な］		diversos
苦しい[生活が～]	くるしい[せいかつが～]	severo, difícil [vida ～]
性格	せいかく	personalidade, caráter
人気者	にんきもの	pessoa popular

多く	おおく	um grande número, uma grande parte
不安［な］	ふあん［な］	preocupante
出る［製品が～］	でる［せいひんが～］	sair à venda [～ um produto]
雷	かみなり	trovão
うち		nosso, meu (cf. うちの子ども : meu filho)
残念［な］	ざんねん［な］	lamentável
認める	みとめる	aceitar, reconhecer
現実	げんじつ	realidade, fato
愛する	あいする	amar
首都	しゅと	capital (cidade)
伝言	でんごん	mensagem
留守番電話	るすばんでんわ	secretária eletrônica
メッセージ		mensagem
受ける［伝言を～］	うける［でんごんを～］	receber [～ uma mensagem]
入れる［メッセージを～］	いれる	deixar [～ uma mensagem]
差し上げる［電話を～］	さしあげる［でんわを～］	fazer [～ uma chamada] (forma polida)
そのように		como isso (cf. このように : como isto)
出る［電話に～］	でる［でんわに～］	atender [～ ao telefone]
急［な］	きゅう［な］	urgente, repentino
入る［仕事が～］	はいる［しごとが～］	receber, entrar [～ um trabalho]
取り消す	とりけす	cancelar
来客中	らいきゃくちゅう	estar atendendo a um visitante
食パン	しょくパン	pão de forma
売り切れ	うりきれ	esgotado
バーゲンセール		venda de saldos, liquidação
案内状	あんないじょう	comunicado, aviso (escrito)
～状［招待～］	～じょう［しょうたい～］	cartão [～ de convite]
遠い［電話が～］	とおい［でんわが～］	pouco audível [chamada telefônica ～]
～嫌い	～ぎらい	resistência a ～ (falar por telefone)

4

時代	じだい	período, era
順に	じゅんに	sequencial, em ordem
失礼［な］	しつれい［な］	descortês
勧める	すすめる	recomendar
腹を立てる	はらをたてる	indignar-se
味わう	あじわう	saborear
つなぐ		unir, juntar
エピソード		episódio
大嫌い	だいきらい	odiar, detestar
大〜 ［好き／嫌い］	だい〜 ［すき／きらい］	〜 muito [gostar/desgostar]
しつこい		persistente, insistente
全員	ぜんいん	todos, todas as pessoas
数日	すうじつ	vários dias
親せき	しんせき	parente
接続する	せつぞくする	conectar
申し出る	もうしでる	oferecer, propor
結局	けっきょく	ao final
早速	さっそく	de imediato, logo
そば		ao lado de, junto
取り付ける	とりつける	instalar
出席者	しゅっせきしゃ	pessoa presente, pessoa assistente
料金	りょうきん	tarifa

いつもお世話になっております。	Sempre nos sentimos gratos com a atenção dos senhores.
あいにく……。	Infelizmente...
	Emprega-se para expressar o sentimento de lamento de uma pessoa por não poder atender à expectativa do outro.
恐れ入りますが、……。	Desculpe incomodá-lo, mas...
	Expressão habitual que se usa sempre para pedir um favor a alguém a quem se tem respeito.
このままでよろしければ	Se não importa que esteja assim, ... (polido)

ただいまのメッセージをお預（あず）かりしました。	Sua mensagem está gravada.
ごめん。	Perdão.

日本語能力試験（にほんごのうりょくしけん）	Exame de Proficiência em Língua Japonesa : Exame de japonês mediante o qual se avalia e certifica a capacidade das pessoas cuja língua materna não é o japonês.
摩周湖（ましゅうこ）	Lago Mashu : Lago em Hokkaido
夏目漱石（なつめそうせき）	Natsume Soseki : Escritor, crítico e especialista em literatura inglesa (1867-1916)
マーク・トゥエイン	Mark Twain : Escritor americano (1835-1910)
H. G. ウェルズ	H. G. Wells : Escritor e crítico inglês (1866-1946)
グラハム・ベル	Alexander Graham Bell : Físico e inventor (1847-1922) Inventou o telefone nos Estados Unidos.
ハートフォード	Hartford : Cidade do estado de Connecticut, na costa leste dos Estados Unidos

Lição 5

教科書	きょうかしょ	livro didático
居酒屋	いざかや	bar, botequim
やきとり		espetinho de frango assado
画面	がめん	tela
俳優	はいゆう	ator
そっくり		idêntico
コンビニ		loja de conveniência, loja aberta 24 horas ao dia
改札［口］	かいさつ［ぐち］	catraca de inspeção de bilhetes na estação [entrada/saída da ～]
運転手	うんてんしゅ	motorista, condutor
かかってくる ［電話が～］	［でんわが～］	haver, entrar [～ uma chamada telefônica]
切れる［電話が～］	きれる［でんわが～］	cortar-se [～ a chamada telefônica]
挙げる［例を～］	あげる［れいを～］	dar [～ um exemplo]
未来	みらい	futuro
なくす［戦争を～］	［せんそうを～］	terminar, acabar [～ com a guerra]
不思議［な］	ふしぎ［な］	estranho, misterioso
増やす	ふやす	aumentar
今ごろ	いまごろ	neste momento, nesta época
観光客	かんこうきゃく	turista
沿う［川に～］	そう［かわに～］	acompanhar [～ o rio]
大通り	おおどおり	avenida
出る［大通りに～］	でる［おおどおりに～］	sair [～ em uma avenida]
横断歩道	おうだんほどう	passagem de pedestres
突き当たり	つきあたり	final da rua
線路	せんろ	trilho
向こう側	むこうがわ	outro lado
踏切	ふみきり	passagem de nível
分かれる ［道が～］	わかれる ［みちが～］	bifurcar-se [a rua ～]

芸術	げいじゅつ	arte
道順	みちじゅん	rota
通行人	つうこうにん	transeunte
通り	とおり	rua, caminho
川沿い	かわぞい	ao longo do rio
〜沿い	〜ぞい	ao longo de 〜 , ao lado de 〜
流れる	ながれる	fluir
〜先 ［100 メートル〜］	〜さき	〜 à frente [100 metros 〜]
〜方［右の〜］	〜ほう［みぎの〜］	rumo a 〜 , em direção a 〜 [〜 à direita]
南北	なんぼく	norte e sul
逆	ぎゃく	oposto, contrário
南半球	みなみはんきゅう	hemisfério sul
北半球	きたはんきゅう	hemisfério norte
常識	じょうしき	senso comum, comportamento normal
差別	さべつ	discriminação
平等［な］	びょうどう［な］	igual, imparcial
位置	いち	posição, localização
人間	にんげん	pessoa, ser humano
観察する	かんさつする	observar
面	めん	superfície
中央	ちゅうおう	centro
自然に	しぜんに	naturalmente
努力する	どりょくする	esforçar-se
そこで		então, daí
普通	ふつう	normalmente, comumente
経緯度	けいいど	latitude e longitude
無意識に	むいしきに	inconscientemente
表れ	あらわれ	aparição, sinal, manifestação
上下	じょうげ	cima e baixo, superior e inferior
左右	さゆう	à direita e à esquerda, lateral
少なくとも	すくなくとも	pelo menos

文句	もんく	queixa, reclamação
わざと		de propósito
経度	けいど	longitude
緯度	いど	latitude
使用する	しようする	usar
東西	とうざい	leste e oeste

～から、～てください。　　　　　faça ～ , então ～ .

> Emprega-se para descrever uma rota, dando pontos de referência para que o interlocutor compreenda claramente.

5

函館 (はこだて)	Hakodate : Cidade portuária no sul da província de Hokkaido.
東京 (とうきょう) タワー	Torre de Tóquio : Torre retransmissora construída em 1958 no bairro de Minato, em Tóquio.
アラビア語 (ご)	idioma árabe
マッカーサー	Stuart McArthur : Australiano, professor de curso colegial.
アフリカ	África
南 (みなみ) アメリカ	América do Sul

Lição 6

一期一会	いちごいちえ	Dar importância a cada encontro como se fosse uma experiência única em sua vida.
フクロウ		coruja
学ぶ	まなぶ	estudar, aprender
一生	いっしょう	toda a vida, eternamente
店員	てんいん	empregado de uma loja
就職する	しゅうしょくする	empregar-se, conseguir trabalho
自分では	じぶんでは	pessoalmente...
ゲーム		jogo
うがい		gargarejo
ビタミンC	ビタミンシー	vitamina C
とる　[ビタミンを～]		tomar [～ vitaminas]
遠く	とおく	longe
太鼓	たいこ	tambor
けいこ		prática, treinamento, ensaio
サケ		salmão
着陸する	ちゃくりくする	aterrissar
振る [手を～]	ふる [てを～]	acenar [～ a mão]
タラップ		rampa [móvel]
ようこそ		bem-vindo
ビジネスマナー		cortesia empresarial
セミナー		seminário
案内	あんない	aviso, informação
費用	ひよう	custos, despesas
交渉する	こうしょうする	negociar
条件	じょうけん	condições
制度	せいど	sistema

メンタルトレーニング		treinamento mental
取り入れる	とりいれる	aceitar, incluir, incorporar
ビジネス		negócios
レベル		nível
週	しゅう	semana
全額	ぜんがく	valor total
半額	はんがく	metade do preço
出す［費用を〜］	だす［ひようを〜］	arcar com [〜 as despesas]
それでは		nesse caso, então
期間	きかん	período (de tempo)
日時	にちじ	data e horário
授業料	じゅぎょうりょう	taxa do curso
〜料	〜りょう	taxa
日にち	ひにち	data
担当者	たんとうしゃ	encarregado, responsável
延期する	えんきする	adiar, prorrogar
買い換える	かいかえる	comprar um novo, substituir [uma compra]
講演会	こうえんかい	conferência
〜会［講演〜］	〜かい［こうえん〜］	sessão [〜 de palestra]
上司	じょうし	chefe, pessoa de cargo superior
つかむ		conseguir
そのような		essa classe de
想像する	そうぞうする	imaginar
イメージする		visualizar, formar uma imagem
具体的［な］	ぐたいてき［な］	concreto, específico
理想	りそう	ideal
近づく	ちかづく	aproximar-se
こそあど		palavras demonstrativas e interrogativas que começam com as sílabas こ, そ, あ e ど
指す	さす	indicar, referir-se a
記者会見	きしゃかいけん	entrevista à imprensa

記者	きしゃ	jornalista
会見	かいけん	entrevista
～ごっこ		brincar de ～
キャベツ		repolho
暗い［気持ちが～］	くらい［きもちが～］	sombrio [sentirse ～]
世の中	よのなか	o mundo
アホ		tonto, ridículo
見える［アホに～］	みえる	parecer [～ um tonto]
ビジネスマン		homem de negócios
同じような	おなじような	similar
閉じる	とじる	fechar
トレーニング		treinamento
つまり		em outras palavras, quer dizer
過去	かこ	passado
向き合う	むきあう	enfrentar
そうすれば		assim, dessa forma
現在	げんざい	atualmente
そこから		daí, a partir desse ponto
解決する	かいけつする	solucionar
プラン		plano
立てる　［プランを～］	たてる	esboçar, traçar [～ um plano]
順番	じゅんばん	ordem, sequência

いやあ、……。	Não, ...
今ちょっとよろしいでしょうか。	Você dispõe de alguns momentos?
実は～のことなんですが、……。	Na verdade, trata-se de ～

> Significa "falando francamente", e é uma expressão utilizada para manifestar, em primeiro lugar, o que uma pessoa deseja falar quando inicia negociações ou pede um favor.

ふうん。	É mesmo?

もし〜が無理なら、……。　　　　　Se 〜 for difícil, se não for pedir muito, ...

> Expressão para mostrar disposição para negociar de modo a conseguir uma permissão ou algo de qualquer forma, propondo uma alternativa.

「ちょうちょ」　　　Borboleta : Canção infantil

スバル　　　　　　As Plêiades : Grupo de estrelas da constelação de Touro e, entre elas, seis podem ser vistas a olho nu.

日本留学試験　　　Exame de Admissão em Universidades Japonesas para Estudantes Estrangeiros (EJU) : Exame de proficiência em língua japonesa, assim como da capacidade acadêmica básica para os estudantes estrangeiros que desejam ingressar em uma universidade japonesa.

羽田空港　　　　　Aeroporto de Haneda : Aeroporto situado em Tóquio

Lição 7

出す［料理を～］	だす［りょうりを～］	servir [～ comida]
歓迎会	かんげいかい	festa de recepção, recepção
招待状	しょうたいじょう	convite [escrito]
ラーメン		lamen (talharim com caldo)
折り紙	おりがみ	origami (arte de dobrar papel)
ピンク		cor-de-rosa
送別会	そうべつかい	festa de despedida
中華レストラン	ちゅうかレストラン	restaurante chinês
留学生会	りゅうがくせいかい	Associação de Estudantes Estrangeiros
～会 ［留学生～］	～かい ［りゅうがくせい～］	associação, reunião ～ [～ de estudantes estrangeiros]
会長	かいちょう	presidente
点数	てんすう	nota, pontuação
たいした		uma grande coisa
悪口	わるぐち	difamação, calúnia
夫婦	ふうふ	casal, marido e mulher
～げんか［夫婦～］	［ふうふ～］	briga ～ [～ de casal]
医学部	いがくぶ	faculdade de medicina
～部［医学～］	～ぶ［いがく～］	faculdade ～ [～ de medicina]
ライオン		leão
喜ぶ	よろこぶ	alegrar-se, ficar contente
冗談	じょうだん	brincadeira
～たち［子ども～］	［こども～］	(sufixo de plural) [crianças]
お化け	おばけ	fantasma
いじめる		maltratar, molestar
感心する	かんしんする	admirar-se
親	おや	pais
あらためて		de novo, novamente
一周	いっしゅう	uma volta

～山	～さん	monte ～ , montanha ～
芝居	しばい	teatro, espetáculo
せりふ		fala (～ em um roteiro)
泣く	なく	chorar
アニメ		animé, desenho animado
感動する	かんどうする	emocionar-se
講演	こうえん	conferência
譲る	ゆずる	ceder
ツアー		excursão, viagem
きつい [スケジュールが～]		apertado [programa ～]
フリーマーケット		mercado de pulgas
遠慮する	えんりょする	fazer cerimônia, mostrar reserva
表す	あらわす	mostrar
失礼	しつれい	descortesia, desrespeito
受ける［誘いを～］	うける ［さそいを～］	aceitar [～ um convite]
着付け教室	きつけきょうしつ	aula para aprender a vestir corretamente um quimono
待ち合わせる	まちあわせる	encontrar-se com
空く［時間が～］	あく［じかんが～］	dispor de [～ tempo]
交流会	こうりゅうかい	festa de intercâmbio
いろんな		diversos
ゼミ		seminário
せっかく		gentilmente, especialmente
今回	こんかい	esta vez
同僚	どうりょう	colega
登山	とざん	alpinismo, montanhismo
紅葉	こうよう	coloração outonal das folhas de árvores
見物	けんぶつ	passeio, visita
音楽会	おんがくかい	recital, concerto
まんじゅう		doce recheado com pasta de feijão
ヘビ		serpente

毛虫	けむし	taturana
いばる		orgulhar-se, ufanar-se
震える	ふるえる	tremer, tiritar
すると		nesse momento, então
おれ		eu (forma usada pelos homens)
〜ぐらい		pelo menos 〜
お前	おまえ	você (expressão rude, usada pelos homens)
丸い	まるい	redondo
いや		não
震え出す	ふるえだす	começar a tremer
助ける	たすける	ajudar, salvar
次々に	つぎつぎに	um atrás de outro, em seguida
目の前	めのまえ	na frente dos olhos
ポツリと		murmurando
ホームページ		site, portal de Internet
笑い話	わらいばなし	piada
落語	らくご	*Rakugo* (narrativa cômica tradicional do Japão)

本当(ほんとう)ですか。 　　　　　　　　　　　É mesmo?

ぜひお願(ねが)いします。 　　　　　　　　　　Gostaria, com certeza!
> Usa-se para aceitar um convite com prazer.

せっかく誘(さそ)っていただいたのに、申(もう)し訳(わけ)ありません。今回(こんかい)は遠慮(えんりょ)させてください。　　Realmente, agradeço o convite, mas creio que não poderei aceitar desta vez.
> Emprega-se para recusar polidamente um convite, expressando ao mesmo tempo um grande pesar.

……かい？ 　　　　　　　　　　　　　　　(sufixo que indica uma pergunta)

助(たす)けてくれ！ 　　　　　　　　　　　　　Socorro!

Lição 8

眠る	ねむる	dormir
黙る	だまる	ficar em silêncio, permanecer calado
取る［ノートを～］	とる	tomar [～ notas]
盗む	ぬすむ	roubar
焦げる	こげる	queimar-se
枯れる	かれる	secar-se, murchar
平凡［な］	へいぼん［な］	ordinário, comum
人生	じんせい	vida
免許	めんきょ	licença, qualificação
取る［免許を～］	とる［めんきょを～］	obter, conseguir [～ a licença]
退職する	たいしょくする	aposentar-se
もったいない		desperdício
鍋	なべ	panela
ことば遣い	ことばづかい	modo de falar
生	なま	cru
専門的［な］	せんもんてき［な］	especializado
社会勉強	しゃかいべんきょう	aprendizado da vida
高校生	こうこうせい	estudante do curso colegial
迷子	まいご	criança perdida
しま		listras
花柄	はながら	estampa de flores
チェック		xadrez
スカート		saia
無地	むじ	liso
水玉	みずたま	bolinhas
リュック		mochila
背負う	せおう	carregar nas costas
サービスカウンター		balcão de serviços
姪	めい	sobrinha

特徴	とくちょう	característica
身長	しんちょう	estatura
ジーンズ		jeans
髪型	かみがた	corte de cabelo
肩	かた	ombro
持ち物	もちもの	pertences pessoais
水色	みずいろ	azul claro
折りたたみ	おりたたみ	dobrável
青地	あおじ	fundo azul
〜地	〜じ	fundo 〜
持つところ	もつところ	cabo
プラスチック		plástico
途上国	とじょうこく	país em desenvolvimento
先進国	せんしんこく	país desenvolvido
プラス		vantagem, ponto positivo
マイナス		desvantagem, ponto negativo
共通	きょうつう	comum
関心	かんしん	interesse
多様化	たようか	diversificação
タイトル		título
反対に	はんたいに	ao contrário
前後	ぜんご	antes e depois
対象	たいしょう	correspondente a, sujeito a
少女	しょうじょ	menina
アイディア		ideia
輝く	かがやく	brilhar, resplandecer
浮力	ふりょく	flutuabilidade
少年	しょうねん	menino
キノコ雲	キノコぐも	nuvem da bomba atômica
時に	ときに	às vezes
ダメージ		dano

与える [ダメージを～]	あたえる	causar [～ dano]
ひげ		barba
伸びる	のびる	crescer
発展する	はってんする	desenvolver
ページ		página
魅力	みりょく	atrativo
豊か［な］	ゆたか［な］	rico, farto
受ける [ダメージを～]	うける	sofrer [～ um dano]
テーマ		tema
述べる	のべる	falar, dizer

確か、～たと思います。　　Se não me falha a memória, creio que era...

> Emprega-se para explicar algo enquanto tenta-se lembrar da aparência de alguém ou do aspecto de algo.

ナイジェリア	Nigéria
トリニダードトバゴ	Trinidad e Tobago
インド	Índia
ウガンダ	Uganda

Lição 9

決まる	きまる	decidir-se
済む	すむ	terminar, acabar
印鑑	いんかん	carimbo pessoal
サイン		assinatura
性能	せいのう	eficiência, desempenho
タイプ		tipo
機能	きのう	função
平日	へいじつ	dia útil
将棋	しょうぎ	shogi (jogo de tabuleiro japonês parecido ao xadrez)
自慢する	じまんする	vangloriar-se, orgulhar-se
豚肉	ぶたにく	carne de porco
牛肉	ぎゅうにく	carne de vaca
バレーボール		voleibol
気温	きおん	temperatura (atmosférica)
降水量	こうすいりょう	precipitação pluvial
月別	つきべつ	mensal
平均	へいきん	média
予防注射	よぼうちゅうしゃ	vacina preventiva
国々	くにぐに	países
都市	とし	cidade
入国する	にゅうこくする	imigrar
資源	しげん	recursos (naturais)
とれる［米が～］	［こめが～］	colher [～ arroz]
大雪	おおゆき	grande nevada
乾燥する	かんそうする	secar, tornar-se seco
道路	どうろ	rodovia, rua
どんどん		rapidamente, incessantemente
最後	さいご	final

生きる	いきる	viver
誕生	たんじょう	nascer
実現する	じつげんする	concretizar-se, tornar-se realidade
金メダル	きんメダル	medalha de ouro
金	きん	ouro
メダル		medalha
バスケットボール		basquetebol
選手	せんしゅ	atleta
シンプル［な］		simples
書き込み	かきこみ	escrita
検索	けんさく	busca
例文	れいぶん	frases de exemplo, oração modelo
ジャンプ機能	ジャンプきのう	função "jump": função dos dicionários eletrônicos que permite verificar palavras saltando de um dicionário a outro mediante a pressão de um botão.
ジャンプ		salto
商品	しょうひん	produto
～社	～しゃ	empresa ～ , companhia ～
国語辞書	こくごじしょ	dicionário de japonês
和英辞書	わえいじしょ	dicionário japonês-inglês
載る［例文が～］	のる［れいぶんが～］	conter, haver [～ frases de exemplo]
シルバー		prata
付け加える	つけくわえる	acrescentar
編集する	へんしゅうする	editar
しっかり		bem, eficientemente
留守番をする	るすばんをする	tomar conta da casa enquanto as pessoas estão fora
柄	がら	desenho, motivo
共通語	きょうつうご	língua comum
演奏	えんそう	apresentação, interpretação (musical)
特許	とっきょ	patente
倒産	とうさん	falência, bancarrota
大金持ち	おおがねもち	milionário

誇る	ほこる	sentir orgulho
表れる	あらわれる	aparecer
今では	いまでは	hoje em dia, atualmente
ＴＳＵＮＡＭＩ	ツナミ	tsunami
影響	えいきょう	influência, repercussão
有名人	ゆうめいじん	pessoa famosa
録音する	ろくおんする	gravar
ヒント		dica, ajuda
貸し出す	かしだす	alugar
ところが		entretanto
競争	きょうそう	competição
性別	せいべつ	sexo, distinção de sexo
地域	ちいき	região
関係なく	かんけいなく	sem distinção
娯楽	ごらく	diversão
［お］年寄り	［お］としより	pessoa de idade avançada
仲間	なかま	amigo, companheiro
心	こころ	alma, coração
治す	なおす	curar
単なる	たんなる	mero, simples
きっかけ		motivo, oportunidade
交流協会	こうりゅうきょうかい	associação de intercâmbio
広報誌	こうほうし	boletim, folheto informativo
暮らし	くらし	vida cotidiana
役立つ	やくだつ	ser útil
参加者	さんかしゃ	participante

こうやって	Deste modo...
～だけじゃなくて、～のがいいんですが……。	Não somente ～ , mas seria melhor ～ ...

> Emprega-se para acrescentar outras condições desejadas a respeito do produto que vai comprar.

それでしたら、〜（の）がよろしいんじゃないでしょうか。	Nesse caso, não seria melhor 〜?
ほとんど変わりませんね。	Não há quase diferença, não é?
〜で、〜はありませんか。	Tem 〜 com 〜?

Usa-se em caso de se solicitar um produto diferente, mas com as mesmas condições do artigo recomendado pelo empregado da loja.

ドラえもん	*Doraemon* : Um gato robô protagonista de mangás e animés traduzidos a vários idiomas e famosos no mundo todo.
アインシュタイン	Albert Einstein : Físico alemão (naturalizado americano) e ganhador do prêmio Nobel (1879-1955)
タイム	Time : Revista semanal de notícias dos Estados Unidos, publicada em 30 países
ガンジー	Mohandas Karamchand Gandhi : Político e pensador indiano (1869-1948)
毛沢東	Mao Tse Tung : Político e pensador chinês, fundador da República Popular da China (1893-1976)
黒澤 明	Akira Kurosawa : Diretor de cinema (1910-1998) Sua obra mais representativa é "Os sete samurais".
井上大佑	Daisuke Inoue : Inventor do karaoke (1949-)
8ジューク	Máquina de oito discos : Primeiro aparelho de karaoke, inventado por Daisuke Inoue em 1971.
曲がるストロー	Canudo flexível : Inventado e patenteado por Takao Sakata, baseado na forma de um fole de tubo de escape, após ver as dificuldades pelas quais passava seu amigo hospitalizado quando tentava tomar líquidos com um canudo reto.
プルトップリング	Aro de abertura "pull-top ring" : Lingueta em forma de aro para abrir um orifício em uma lata de bebida pelo qual se toma o líquido.

Lição 10

もうける 　[お金を〜]	 [おかねを〜]	ganhar [〜 dinheiro]
見かける	みかける	notar, ver
否定する	ひていする	negar
タイムマシン		máquina de transporte através do tempo
宝くじ	たからくじ	loteria
当たる 　[宝くじが〜]	あたる 　[たからくじが〜]	ganhar [〜 a loteria]
ワールドカップ		Copa Mundial
カエル		sapo, rã
計画	けいかく	plano
実際	じっさい	realidade, fato
めったに		raramente
通じる 　[電話が〜]	つうじる 　[でんわが〜]	conectar, funcionar [o telefone 〜]
時間通りに	じかんどおりに	na hora certa, na hora marcada
かかる 　[エンジンが〜]		ligar [〜 o motor]
鬼	おに	demônio
怒る	おこる	indignar-se, zangar-se
CO_2	シーオーツー	CO_2
抽選	ちゅうせん	sorteio
一等	いっとう	primeiro lugar
投票	とうひょう	votação
［お］互いに	［お］たがいに	mutuamente
出す［修理に〜］	だす［しゅうりに〜］	mandar [〜 para conserto]
聞き返す	ききかえす	voltar a perguntar
てっきり		definitivamente
倉庫	そうこ	armazém, depósito

プリンター		impressora
入る［電源が〜］	はいる［でんげんが〜］	ligar, conectar [〜 a corrente elétrica]
マニュアル		manual
親しい	したしい	de confiança
驚く	おどろく	surpreender-se
〜代［60〜］	〜だい	na casa dos 〜 anos [pessoas na casa dos 60 anos]
誤解	ごかい	mal-entendido
記憶	きおく	memória
型	かた	tipo, modelo
〜型	〜がた	modelo 〜
落とし物	おとしもの	objeto perdido
転ぶ	ころぶ	cair
奇数	きすう	número ímpar
偶数	ぐうすう	número par
ぼんやりする		estar distraído
あわて者	あわてもの	pessoa descuidada, pessoa atrapalhada
ミス		erro
これら		esses
ヒューマンエラー		erro humano
手術	しゅじゅつ	operação, cirurgia
患者	かんじゃ	paciente
心理学者	しんりがくしゃ	psicólogo
おかす［ミスを〜］		cometer [〜 um erro]
うっかりミス		erro por distração
うっかり		por descuido, involuntário
こういう		este tipo de (cf. ああいう : esse tipo de)
チェックリスト		lista de verificação
手がかり	てがかり	pista, indício
一方	いっぽう	por outro lado
深く［〜呼吸する］	ふかく［〜こきゅうする］	profundamente [respirar 〜]

指	ゆび	dedo
聖人君子	せいじんくんし	modelo de todas as virtudes
うそつき		mentiroso
または		ou
エラー		erro
困った人	こまったひと	pessoa problemática
完成する	かんせいする	terminar, concluir
つながる ［出来事に〜］	 ［できごとに〜］	resultar [〜 em um incidente]
出来事	できごと	incidente, acontecimento
不注意	ふちゅうい	falta de atenção
引き起こす	ひきおこす	causar, ocasionar

どういうことでしょうか。　　　O que você quer dizer?

> Emprega-se para expressar um sentimento de ofensa ou surpresa mediante o que alguém acaba de dizer.

そんなはずはありません。　　　Isso é impossível!

てっきり〜と思っていました。　Estava certo de que...

> Emprega-se para dizer a alguém o que estava pensando até esse momento e expressar a sensação de que é difícil crer de imediato o que acabou de ouvir.

気を悪くする　　　　　　　　　ofender-se, magoar-se

わかってもらえればいいんです。　Não tem problema.

JR　　　　　　　JR : Abreviatura de Japan Railways

沖縄県　　　　　Província de Okinawa : Província localizada ao extremo sul do Japão e inclui as ilhas de Ryukyu. O palácio do governo de Okinawa situa-se na cidade de Naha.

マザー・テレサ	Madre Teresa : Monja romana católica de etnia albanesa (1910-1997) Famosa por sua missão na Índia.
新宿(しんじゅく)	Shinjuku : Uma das subdivisões administrativas de Tóquio. A prefeitura do governo metropolitano de Tóquio se mudou para Shinjuku em 1991.
リーズン	James Reason : Psicólogo inglês e autor de "Erro humano" e "Gestão dos grandes riscos"

Lição 11

ますます		mais e mais, cada vez mais
企業	きぎょう	empresa
今後	こんご	a partir de agora
方言	ほうげん	dialeto
普及する	ふきゅうする	propagar-se
建つ	たつ	ser construído, elevar-se
大家族	だいかぞく	família numerosa
大～［～家族］	だい～［～かぞく］	numeroso [família ～]
パックツアー		viagem de pacote turístico
個人	こじん	individual
いかにも		de fato, realmente
入学式	にゅうがくしき	cerimônia de entrada na escola
派手［な］	はで［な］	extravagante, vistoso
元気	げんき	vitalidade, ânimo
出す［元気を～］	だす［げんきを～］	criar, ter [～ ânimo]
広告	こうこく	anúncio
美容院	びよういん	salão de beleza
車いす	くるまいす	cadeira de rodas
寄付する［病院に車いすを～］	きふする［びょういんにくるまいすを～］	doar [～ uma cadeira de rodas ao hospital]
グレー		cor cinza
地味［な］	じみ［な］	sóbrio, simples
原爆	げんばく	bomba atômica
ただ一つ	ただひとつ	único
恐ろしさ	おそろしさ	horror, pavor
ダイナマイト		dinamite
自宅	じたく	lar, sua casa
あわてる		precipitar-se, apressar-se
落ち着く	おちつく	acalmar-se

行動する	こうどうする	atuar, tomar atitudes
のんびりする		relaxar-se
シューズ		sapatos
つながる ［電話が〜］	［でんわが〜］	conectar-se [o telefone 〜]
遺跡	いせき	ruínas, restos
発掘	はっくつ	escavação
これまでに		até agora
南極	なんきょく	polo sul
探検	たんけん	exploração
世界遺産	せかいいさん	patrimônio da humanidade
価値	かち	valor
やっぱり		depois de tudo, ao final de (forma familiar de [やはり])
流氷	りゅうひょう	massa de gelo flutuante
自由行動	じゆうこうどう	tempo livre
提案する	ていあんする	propor
軽く ［〜体操する］	かるく ［〜たいそうする］	levemente [fazer exercícios 〜]
乗り物	のりもの	veículo, meio de transporte
酔う［乗り物に〜］	よう［のりものに〜］	sentir enjoo [〜 em um veículo]
コメント		comentário
さらに		ainda mais
仮装	かそう	disfarce, fantasia
染める	そめる	tingir
黄金	おうごん	ouro
伝説	でんせつ	lenda
いくつか		vários
屋根	やね	telhado
農作物	のうさくぶつ	produtos agrícolas
金銀	きんぎん	ouro e prata
治める	おさめる	controlar, governar

掌	てのひら	palma da mão
後半	こうはん	parte posterior, segunda metade
くぎ		prego
村人	むらびと	moradores da vila
かける[費用を～]	[ひようを～]	gastar [～ dinheiro]
向き	むき	direção
抵抗	ていこう	resistência
～層	～そう	em camadas
蚕	かいこ	bicho-da-seda
火薬	かやく	pólvora
製造する	せいぞうする	fabricar
送る[生活を～]	おくる[せいかつを～]	levar [～ uma vida]
家内産業	かないさんぎょう	fábrica caseira, fábrica de fundo de quintal
年貢	ねんぐ	imposto anual (do sistema antigo)
期待する	きたいする	desejar, ter esperanças
地	ち	terra
前半	ぜんはん	parte anterior, primeira metade
やってくる		vir
住み着く	すみつく	estabelecer-se em uma moradia
一族	いちぞく	família
～城 [帰雲～]	～じょう [かえりくも～]	castelo de ～ [～ Kaerikumo]
城	しろ	castelo
掘り当てる	ほりあてる	dar com, escavar
権力者	けんりょくしゃ	pessoa influente
飢きん	ききん	fome
～軒	～けん	(modo de contar casas)
数百人	すうひゃくにん	centenas de pessoas (cf. 数十人 (すうじゅうにん): dezenas de pessoas, 数千人 (すうせんにん): milhares de pessoas)
一人残らず	ひとりのこらず	até a última pessoa
消える	きえる	desaparecer, extinguir-se

保管する	ほかんする	conservar, armazenar
兆	ちょう	trilhão
分ける　[いくつかに～]	わける	dividir [～ em algumas partes]
積もる［雪が～］	つもる［ゆきが～］	acumular-se [a neve ～]
気候	きこう	clima
観光案内	かんこうあんない	informação turística
観光地	かんこうち	local turístico

～っていうのはどうですか。	Que tal ...?

> Quando alguém pede um conselho, esta expressão indica que a pessoa consultada está simplesmente fazendo uma sugestão, deixando a decisão para a pessoa que fez a consulta.

それも悪(わる)くないですね。	Isso (essa ideia) também não é ruim.
それもそうですね。	Isso é verdade.
けど、……。	Mas, ...
それも悪(わる)くないですけど……。	Essa também não é má ideia, mas...

> Emprega-se esta expressão para dar uma opinião, após reconhecer que a do interlocutor também é boa.

ノーベル	Alfred Bernhard Nobel : Cientista sueco que inventou a dinamite (1833-1896)
モーツァルト	Wolfgang Amadeus Mozart : Compositor musical austríaco (1756-1791) Compôs mais de 600 obras, entre elas, a ópera "As bodas de Fígaro".
首里城(しゅりじょう)	Castelo de Shuri : Castelo do antigo reino de Ryukyu, situado na cidade de Shuri, província de Okinawa
雪祭(ゆきまつ)り	Festival da Neve : Festival turístico realizado em Sapporo, Hokkaido. Famoso pelas gigantescas esculturas de neve e árvores iluminadas.
白川郷(しらかわごう)	Shirakawa-go : Aldeia montanhosa situada à montante do rio Shogawa, na província de Gifu. Neste lugar, famílias numerosas conviviam tradicionalmente em enormes casas construídas no estilo *gassho-zukuri*.

白神山地 _{しらかみさんち}	área montanhosa de Shirakami : Área montanhosa situada no monte Shirakami, entre os limites das províncias de Aomori e Akita. Abriga um dos bosques primitivos de faia japonesa (Fagus crenata) mais amplos do mundo.
厳島神社 _{いつくしまじんじゃ}	Santuário de Itsukushima : Belo santuário situado em Miyajima, província de Hiroshima. A estrutura principal foi construída dentro do mar. Conta com muitas e valiosas ruínas históricas e tesouros nacionais.
屋久島 _{やくしま}	Ilha de Yakushima : Uma das ilhas Osumi, na província de Kagoshima. Conta com um bosque virgem de cedros (Cryptomeria Japonica) chamados Yakusugi, alguns com mais de mil anos de idade.
知床 _{しれとこ}	Shiretoko : Península longa e estreita, localizada no extremo nordeste da província de Hokkaido. Seu litoral é formado por rochedos íngremes e se projeta no mar de Okhotsk.
原爆ドーム _{げんばく}	Domo da Bomba Atômica : Restos do prédio destruído pela bomba atômica lançada sobre Hiroshima no dia 6 de agosto de 1945. Atualmente é símbolo do terrível desastre.
合掌造り _{がっしょうづくり}	*Gassho-zukuri* : Estilo das casas da região de Hida, construídas para famílias numerosas e para a sericultura. Seus telhados extremamente inclinados permitem suportar intensas nevadas.
江戸時代 _{えどじだい}	Era Edo : Igual à era Tokugawa. O xogunato se estabeleceu na região de Edo (atual Tóquio) (1603-1867)
内ヶ嶋為氏 _{うちがしまためうじ}	Uchigashima Tameuji : Comandante militar da era Muromachi que construiu o castelo de Kaerikumo em Shirakawa-go. Os anos de seu nascimento e morte são desconhecidos.
帰雲城 _{かえりくもじょう}	Castelo de Kaerikumo : Foi construído por Uchigashima Tameuji em Shirakawa-go, província de Gifu, aproximadamente em 1464. Foi destruído em 1586, pelo Grande Terremoto de Tensho.
織田信長 _{おだのぶなが}	Oda Nobunaga : Comandante militar da era Azuchi-Momoyama, durante o período Sengoku (período das guerras internas) (1534-1582)

Lição 12

演奏会	えんそうかい	concerto, recital
報告書	ほうこくしょ	boletim, informe
あくび		bocejo
犯人	はんにん	criminoso
追いかける	おいかける	perseguir
作業	さぎょう	trabalho
スープ		sopa
こぼす		derramar
シャッター		porta de enrolar
スプレー		spray
落書きする	らくがきする	fazer grafite
夜中	よなか	noite alta, madrugada
日	ひ	raios de sol
当たる［日が〜］	あたる［ひが〜］	bater [os raios de sol 〜]
暮らす	くらす	viver
書道	しょどう	shodo, caligrafia japonesa
蛍光灯	けいこうとう	lâmpada fluorescente
メニュー		menu, cardápio
バイク		motocicleta
目覚まし時計	めざましどけい	relógio despertador
鳴る	なる	tocar
温暖［な］	おんだん［な］	ameno, brando
家事	かじ	afazeres domésticos
ぐっすり［〜眠る］	［〜ねむる］	profundamente [dormir 〜]
迷惑	めいわく	incômodo, problema
かける［迷惑を〜］	［めいわくを〜］	causar [〜 incômodo]
風邪薬	かぜぐすり	remédio para a gripe
乗り遅れる	のりおくれる	perder (trem, ônibus, etc.)
苦情	くじょう	reclamação

遅く	おそく	tarde
［お］帰り	［お］かえり	retorno à casa
あまり		demasiado, demais
どうしても		inevitavelmente, de qualquer modo
自治会	じちかい	associação dos moradores
役員	やくいん	membro da associação/comitê
ＤＶＤ	ディーブイディー	DVD
座談会	ざだんかい	reunião para discussão, mesa redonda
カルチャーショック		choque cultural
受ける ［ショックを～］	うける	sofrer [～ um choque]
それまで		até então
騒々しい	そうぞうしい	ruidoso, barulhento
アナウンス		anúncio
分かれる ［意見が～］	わかれる ［いけんが～］	dividir-se [as opiniões ～]
奥様	おくさま	senhora
おいでいただく		vir (expressão formal)
苦労	くろう	sofrimento
中略	ちゅうりゃく	omissão de frases, sentenças
おかしな		engraçado, estranho
サンダル		sandália
ピーピー		som de apito (como o de uma chaleira)
たまらない		irresistível, insuportável
都会	とかい	cidade
住宅地	じゅうたくち	área residencial
虫	むし	inseto
虫の音	むしのね	som de insetos
車内	しゃない	dentro de um veículo
ホーム		plataforma
加える	くわえる	acrescentar

さっぱり［～ない］		absolutamente [não ～]
乗客	じょうきゃく	passageiro
安全性	あんぜんせい	segurança
配慮する	はいりょする	considerar
含む	ふくむ	incluir
チャイム		toque, repique
発車ベル	はっしゃベル	campainha que avisa a partida do trem
必ずしも［～ない］	かならずしも	necessariamente [não ～]
近所づきあい	きんじょづきあい	fazer amizade com os vizinhos
コマーシャル		comercial, propaganda

気がつきませんでした。	Não percebi.
どうしても……	de jeito nenhum...

> Emprega-se para transmitir que é impossível fazer algo, após ter considerado suficientemente as circunstâncias.

それはわかりますけど、……	Entendo, mas...

> Emprega-se para indicar que apesar de compreender a situação do interlocutor, esta lhe representa ser problemática.

どちらかと言えば……	Prefiro...
いい勉強になる	Servir de experiência

....

ハンガリー	Hungria
ブダペスト	Budapeste
バンコク	Bancoc
宇都宮	Utsunomiya : Cidade da região central da província de Tochigi, onde se encontram os escritórios do governo provincial.
浦安	Urayasu : Cidade satélite de Tóquio, situada em frente à baía de Tóquio, ao noroeste da província de Chiba. Nesse lugar, encontra-se a "Disneylândia de Tóquio".

Parte 2
Notas Gramaticais

Lição 1

1. ～てもらえませんか・～ていただけませんか
～てもらえないでしょうか・～ていただけないでしょうか

Forma V て ＋
- もらえませんか／いただけませんか
- もらえないでしょうか／いただけないでしょうか

「～てもらえませんか」e「～ていただけませんか」são utilizados para perguntar polidamente se é possível se fazer algo.

① ちょっとペンを貸してもらえませんか。

　　Poderia me emprestar sua caneta por um momento?

② コピー機の使い方を教えていただけませんか。

　　Poderia me ensinar como se usa a copiadora?

Ref. 「～ていただけませんか（expressão polida de solicitação）」:
　　いい先生を紹介していただけませんか。　　　　　　　（☞『みんなの日本語初級Ⅱ』Lição 26）

As expressões「～てもらえないでしょうか」e「～ていただけないでしょうか」soam mais polidas e suaves que「～てもらえませんか」e「～ていただけませんか」.

③ すみません、子どもが寝ているので、もう少し静かにしてもらえないでしょうか。

　　Desculpe, meu filho está dormindo, poderia fazer um pouco de silêncio?

④ 申し訳ございませんが、子どもを預っていただけないでしょうか。

　　Sinto muito incomodá-lo, mas poderia tomar conta do meu filho?

2. ～のようだ・～のような～・～のように…
（semelhança/exemplo）

Sの ＋
- ようだ
- ようなS
- ように V／Aい／Aな

A forma「S₁ は S₂ のようだ」é usada para expressar as características de um substantivo (S₁) a respeito de um outro substantivo (S₂) (uma semelhança).

① あの病院はホテルのようだ。　Esse hospital parece um hotel.

② このお酒はジュースのようだ。　Esta bebida alcoólica é como um suco.

Há casos em que se usa 「S₂ のような S₁」 para modificar um substantivo.
③ 田中さんはホテルのような病院に入院している。

O Sr. Tanaka está internado em um hospital que se parece a um hotel.

④ わたしはジュースのようなお酒しか飲まない。

Eu bebo somente bebida alcoólica que se parece a um suco.

Também se pode usar 「S₁ は S₂ のように」 antes de um verbo ou um adjetivo.
⑤ 田中さんが入院している病院はホテルのようにきれいだ。

O hospital onde o Sr. Tanaka está internado é tão bonito como um hotel.

⑥ このお酒はジュースのように甘い。

Esta bebida alcoólica é doce como um suco.

A forma 「S₂ のような S₁」 é usada para descrever alguma característica de S₁, citando S₂ como uma referência (exemplo).
⑦ 夫は、カレーのような簡単な料理しか作れません。

Meu marido consegue fazer somente pratos simples como "curry".

⑧ 「アポ」のような外来語は、外国人にはとても難しい。

Para os estrangeiros, as palavras de origem estrangeira como "apo" são muito difíceis de se entender.

Ref. 「…ようだ（avaliação a partir de uma situação）」：
人が大勢集まっていますね。
…事故のようですね。パトカーと救急車が来ていますよ。

(☞ 『みんなの日本語初級Ⅱ』Lição 47)

3. ～ことは／が／を

Forma V dic ＋ こと ＋ は／が／を

Com 「～こと」, forma-se um substantivo.
① 朝早く起きることは健康にいい。

Levantar-se cedo pela manhã faz bem para a saúde.

② 田中さんは踊ることが好きです。　O Sr. Tanaka gosta de dançar.
③ 優勝することを目指しています。　Almejo ganhar o campeonato.

Ref. 「Forma V dic ＋ことができます／ことです」：
わたしはピアノを弾くことができます。
わたしの趣味は映画を見ることです。

(☞ 『みんなの日本語初級Ⅰ』Lição 18)

4. ～を～と言う

S₁ を S₂ と言う

Esta forma é usada para explicar a alguém o nome (S₂) de uma coisa ou acontecimento (S₁).

① １月１日を元日と言います。

　　O dia 1º de janeiro é chamado de *ganjitsu* (dia de Ano-Novo).

② 正月に神社やお寺に行くことを初詣でと言う。

　　A visita aos santuários no Ano-Novo é chamada de *Hatsumode*.

5. ～という～

S₁ という S₂

Esta forma é usada para citar o nome ou o título (S₁) de uma coisa ou pessoa que o interlocutor pode desconhecer. S₁ é um nome próprio, como o de uma pessoa, etc., enquanto que S₂ é um substantivo comum.

① 夏目漱石という小説家を知っていますか。

　　Conhece um escritor chamado Natsume Soseki?

② 昨日、「スター・ウォーズ」という映画を見ました。

　　Ontem vi um filme chamado "Star Wars".

6. いつ／どこ／何／だれ／どんなに～ても

```
Forma V て
A い  －い → くて  ⎫
A な              ⎬ ＋ も
S    ⎭ ＋ で
```

Expressa "tudo que pode suceder sob quaisquer circunstâncias". Usa-se a forma 「ても」 depois dos vocábulos 「いつ」「どこ」「何」「だれ」「どんなに」, etc.

① 世界中どこにいても家族のことを忘れません。

　　Esteja onde estiver no mundo, nunca me esqueço de minha família.

② 何度聞いても同じことしか教えてくれない。

　　Por mais que pergunte, continuam me dizendo a mesma coisa.

③ だれが何と言っても考えを変えません。

　　Seja quem for e diga o que diga, não vou mudar de opinião.

④ どんなに高くても買いたいです。

　　Por mais caro que seja, quero comprá-lo.

Com um substantivo, a expressão se converte em 「どんな S でも」, 「どの S でも」 ou 「どんなに～ S でも」.

⑤ どんな人でも優しい心を持っているはずだ。

　　Estou certo de que todas as pessoas, seja quem seja, têm um bom coração.

⑥ 正月になると、どの神社でも人がいっぱいだ。

　　Ao chegar o Ano-Novo, qualquer que seja o santuário está cheio de gente.

⑦ どんなに丈夫なかばんでも長く使えば、壊れてしまうこともある。

　　Por mais resistente que seja a maleta, ela pode se romper se é usada por muito tempo.

Ref. 「～ても (conjunção adversativa)」：いくら考えても、わかりません。

(☞『みんなの日本語初級Ⅰ』Lição 25)

話す・聞く

～じゃなくて、～

A expressão 「S₁ じゃなくて、S₂」 nega S₁ e propõe S₂ em seu lugar.

① これはペンじゃなくて、チョコレートです。食べられますよ。

　　Esta não é uma caneta, e sim, um chocolate. E pode-se comê-lo!

② 京都ではお寺を見ましょうか。

　　Vamos visitar templos em Quioto?

　　…お寺じゃなくて、若い人が行くようなにぎやかなところに行きたいです。

　　Em vez de ir a templos, quero ir a lugares alegres onde se reúnem os jovens.

読む・書く

…のだ・…のではない

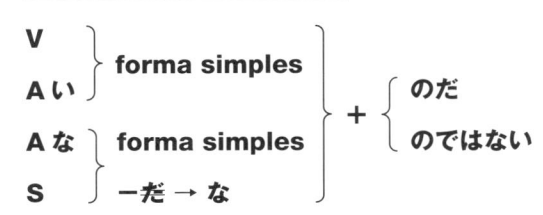

```
V  ⎫
Aい ⎬ forma simples  ⎫   ⎧ のだ
Aな ⎬ forma simples  ⎬ + ⎨
S  ⎭ －だ → な       ⎭   ⎩ のではない
```

「…のです」pode-se usar na seguinte forma quando indica um resultado que surgiu por um determinado motivo, ou quando se faz uma avaliação baseada em determinados fatores.

1

① ３時の飛行機に乗らなければなりません。それで、わたしは急いでいるのです。

Preciso embarcar no avião das três da tarde. Por isso, tenho pressa.

（motivo/justificativa）　　　　　　　　　　　　（だから／それで）（resultados/decisão）

② 彼は日本に留学します。それで日本語を勉強しているのです。

Ele vai estudar no Japão. Por esse motivo, está estudando japonês.

「…のではない」usa-se para negar tudo, exceto a parte final da oração. Por exemplo, em ③ , nega-se a parte de "somente por mim".

③ このレポートは一人で書いたのではありません。

Este relatório não foi escrito somente por mim.

cf. ×このレポートは一人で書きませんでした。

何人も、何回も、何枚も…

「何＋quantificador（人、回、枚…）＋も」indica um grande número de algo.

① マンションの前にパトカーが何台も止まっています。

Há muitos carros de patrulha parados em frente ao edifício de apartamentos.

Lição 2

1. (1)(2) ～たら、～た

V たら、{V・A} た

(1)「X たら、Y た」indica que Y sucede como consequência de uma ação X.

① 薬を飲んだら、元気になりました。

    Após tomar o remédio, me curei.

② カーテンを変えたら、部屋が明るくなった。

    Após trocar as cortinas, a sala ficou mais iluminada.

(2) Também pode indicar que se descobriu Y como resultado de uma ação X.

③ 家に帰ったら、猫がいなかった。

    Quando voltei para casa, o gato havia desaparecido.

④ かばんを開けたら、財布がなくなっていた。

    Quando abri a bolsa, descobri que a carteira havia desaparecido.

⑤ 50年前の古いお酒を飲んでみたら、おいしかった。

    Achei saboroso, ao provar o saquê de 50 anos atrás.

Com「X と、Y た」, também se pode expressar o mesmo significado que em (1) e (2).

⑥ 薬を飲むと、元気になりました。

    Após tomar o remédio, me curei.

⑦ 家に帰ると、猫がいなかった。

    Quando voltei para casa, o gato havia desaparecido.

Ref.「～たら（hipótese）」：お金があったら、旅行します。

「～たら（tempo perfeito）」：10時になったら、出かけましょう。

(『みんなの日本語初級 I』Lição 25)

2. ～というのは～のことだ・～というのは…ということだ

S というのは { S の / O (forma simples) という } + ことだ

「X というのは～のことだ」e「X というのは…ということだ」são expressões utilizadas para explicar o significado de uma palavra (X).

① 3K というのは汚い、きつい、危険な仕事のことだ。

    3K significa trabalho sujo, duro e perigoso.

② PC というのはパソコンのことです。

    PC significa Personal Computer.

③ 禁煙というのはたばこを吸ってはいけないということです。

   Kin-en significa proibido fumar.
④ 駐車違反というのは車を止めてはいけない場所に車を止めたということです。

   Chusha-ihan significa que o veículo está estacionado em um lugar onde não é permitido parar.

3. …という～

O (forma simples) + という S (substantivo que expressa palavras e pensamentos)

Usa-se a forma 「…という～」 quando são dados detalhes de um substantivo que expressa palavras e pensamentos, tais como 「話、うわさ、考え、意見、意志、批判、ニュース」 (conversação, rumor, ideia, opinião, intenção, crítica, notícia), etc.

① 昔ここは海だったという話を知っていますか。

   Você conhecia a história de que muito tempo atrás este lugar era coberto por mar?
② 田中さんがもうすぐ会社を辞めるといううわさを聞きました。

   Ouvi rumores de que o Sr. Tanaka logo vai deixar a empresa.
③ カリナさんは、研究室は禁煙にしたほうがいいという意見を持っている。

   Karina é da opinião de que deveria ser proibido fumar no laboratório.

4. …ように言う／注意する／伝える／頼む

Forma V dic
Forma V ない －ない } ように ＋ V (言う、注意する、伝える、頼む)

Essas formas são usadas quando se mencionam indiretamente os detalhes de uma instrução ou solicitação. Quando se menciona diretamente uma instrução ou solicitação, a oração adquire a forma 「～なさい」、「～てはいけません」 ou 「～てください」.

① 学生に図書館で物を食べないように注意しました。

   Adverti que os alunos não comessem na biblioteca.
   → 学生に「図書館で物を食べてはいけません」と注意しました。

   Adverti os alunos dizendo-lhes: "Não é permitido comer na biblioteca".
② この仕事を今日中にやるように頼まれました。

   Me pediram que terminasse este trabalho hoje.
   → 「この仕事を今日中にやってください」と頼まれました。

   Me pediram: "Termine este trabalho hoje, por favor".

③ 子どもたちに早く寝るように言いました。

    Falei aos meus filhos que dormissem cedo.

    → 子どもたちに「早く寝なさい」と言いました。

        Falei aos meus filhos: "Durmam cedo".

Note que ~なさい é uma expressão que indica uma instrução ou uma ordem. Ela é usada somente em certas ocasiões, como, por exemplo, quando os pais falam com seus filhos. Também se usa para dar instruções em exames escritos e em outros casos.

5. ~みたいだ・~みたいな~・~みたいに… (semelhança/exemplo)

S { みたいだ / みたいな S / みたいに／V／Aい／Aな }

「~ようだ」e「~みたいだ」têm o mesmo significado, mas a forma「~みたいだ」é usada de uma forma menos formal.

① わあ、このお酒、ジュースみたいだね。

    Nossa! Esta bebida alcoólica parece um suco, não é?

② わたしはジュースみたいなお酒しか飲まない。

    Eu só bebo bebidas alcoólicas que parecem sucos.

③ このお酒はジュースみたいに甘いよ。

    Esta bebida alcoólica é tão doce quanto um suco, não é?

④ 夫は、カレーみたいな簡単な料理しか作れません。

    Meu marido consegue fazer somente pratos simples como o "curry".

Ref.「~のようだ・~のような~・~のように…」：

    あの病院はホテルのようだ。　　　　　　　　　　　(☞『みんなの日本語中級Ⅰ』Lição 1)

話す・聞く

~ところ

Tem o mesmo significado de「~とき」, mas usa-se somente com certas palavras em situações tais como「お忙しいところ」(embora esteja ocupado),「お休みのところ」(embora esteja descansando),「お急ぎのところ」(embora esteja com pressa),「お疲れのところ」(embora esteja cansado). Usa-se para agradecer a alguém ou para lhe pedir um favor.

① お忙しいところ、すみません。ちょっとお願いがあるんですが。

    Perdoe-me incomodá-lo embora esteja ocupado, mas gostaria de lhe pedir um favor...

② お休みのところ、手伝ってくださって、ありがとうございました。

    Agradeço-lhe por ter me ajudado embora estivesse descansando.

Lição 3

1. ～（さ）せてもらえませんか・～（さ）せていただけませんか
　　～（さ）せてもらえないでしょうか・～（さ）せていただけないでしょうか

V（さ）せて ＋ { もらえませんか／いただけませんか
　　　　　　　　もらえないでしょうか／いただけないでしょうか

Estas expressões são usadas quando se pede uma permissão a alguém para fazer algo (V).

① すみません。このパンフレットをコピーさせてもらえませんか。

　　Desculpe, permite-me tirar cópia deste folheto?

② 月曜日の店長会議で報告させていただけませんか。

　　Poderia apresentar um relatório na reunião de gerentes de loja na segunda-feira?

③ 一度、工場を見学させていただけないでしょうか。

　　Poderia me deixar visitar a fábrica uma vez?

「～させていただけませんか」é mais polido que「～させてもらえませんか」, e「～させていただけないでしょうか」é mais polido que「～させていただけませんか」.

Ref. 「～させていただけませんか（expressão polida de solicitação）」:
　　　しばらくここに車を止めさせていただけませんか。

（☞『みんなの日本語初級Ⅱ』Lição 48）

2.（1） …ことにする

Forma V dic
Forma V ない　ーない } ＋ ことにする

「Vする／Vしないことにする」usa-se para indicar a decisão de fazer ou não fazer algo (V).

① 来年結婚することにしました。　　Decidimos nos casar no próximo ano.
② 今晩は外で食事をすることにしよう。　　Decidi jantar fora esta noite.

2.（2） …ことにしている

Forma V dic
Forma V ない　ーない } ＋ ことにしている

「Vする／Vしないことにしている」indica um hábito decidido desde anteriormente a respeito de fazer ou deixar de fazer algo e que segue praticando.

① 毎週日曜日の夜は外で食事をすることにしている。

Costumamos jantar fora todos os domingos à noite.

② ダイエットしているので、お菓子を食べないことにしている。

Como estou de regime, decidi não comer doces.

3. (1) …ことになる

Forma V dic
Forma V ない －ない } + ことになる

「Vする／Vしないことになる」expressa a decisão de "fazer (V)/ou não fazer (V)". 「ことにする」expressa a decisão de fazer algo por si mesmo, enquanto que 「ことになる」expressa que algo ocorre por uma decisão alheia à vontade da pessoa.

① 来月アメリカへ出張することになりました。

Foi decidido que farei uma viagem a negócios aos Estados Unidos no mês que vem.

② 中国へは田中さんが行くことになるでしょう。

É provável que se decida que o Sr. Tanaka vá à China.

Entretanto, quando uma pessoa tomou a decisão por si mesma, pode-se empregar 「ことになる」para tirar a impressão de que foi sua própria decisão.

③ 部長、実は、今年の秋に結婚することになりました。結婚式に出席していただけないでしょうか。

Chefe, foi decidido que me casarei neste outono. Poderia me dar a honra de sua presença na cerimônia de casamento?

3. (2) …ことになっている

Forma V dic
Forma V ない －ない } + ことになっている

Na forma 「Vする／Vしないことになっている」, indica-se que algo foi programado ou foi determinado como uma regra.

① あしたの朝9時から試験を行うことになっています。

O exame está programado para ser realizado amanhã, às 9 horas da manhã.

② うちでは夜9時以降はテレビをつけないことになっている。

Em nossa casa, está determinado que o televisor não é ligado depois das 9 horas da noite.

4. 〜てほしい・〜ないでほしい

Forma V て
Forma V ない －ないで } + ほしい

(1)「S に V てほしい」usa-se para indicar "o desejo de que S (alguém) faça algo (V)".
① わたしは息子に優しい人になってほしいです。
　　Desejo que meu filho seja uma pessoa amável.

「S に」pode ser omitido quando S é conhecido.
② このごろ自転車を利用する人が多いが、規則を守って乗ってほしい。
　　Recentemente, muitas pessoas usam bicicleta, mas gostaria que elas respeitassem as regras.

Quando se expressa o "desejo de que não se faça algo (V)", utiliza-se a forma negativa「V ないでほしい」.
③ こんなところにごみを捨てないでほしい。
　　Gostaria que não jogassem lixos em lugares como este.

Mesmo que se convirtam em expressões de solicitação ou de instrução quando se referem às ações de alguma pessoa, elas podem ser demasiadamente diretas se usadas sem modificação. Por conseguinte, muitas vezes, são suavizadas acrescentando-lhes expressões como「のですが／んですが」.
④ すみません、ちょっと手伝ってほしいんですが。
　　Perdão, poderia me ajudar por uns momentos?

(2) Também podem ser usadas com relação a assuntos distintos às ações de alguém. Nesse caso, utiliza-se「S が」no lugar de「S に」.
⑤ 早く春が来てほしい。　Desejo que a primavera chegue logo.
⑥ あしたは雨が降らないでほしい。　Espero que não chova amanhã.

5. (1) 〜そうな〜・〜そうに…

Forma V ます
A い －い } + { そうな S / そうに V
A な

A「forma V ます＋そうだ」, que se acrescenta a um verbo, tem um significado distinto de「A そうだ」, que se acrescenta a um adjetivo. No caso de「V そうだ」, indica uma grande probabilidade de que ocorra V, ou um indício de que V vai ocorrer.

① ミラーさん、シャツのボタンが取れそうですよ。

　　Sr. Miller, parece que o botão da sua camisa vai se desprender.
② 雨が降りそうなときは、洗濯しません。

　　Quando parece que vai chover, não lavo a roupa.

「A そうだ」significa que "algo tem a aparência A".
③ ワンさんの隣にいる学生はまじめそうですね。

　　O estudante ao lado do Sr. Wang parece sério, não?
④ このケーキはおいしそうですね。

　　Este bolo parece delicioso, não?
⑤ 子どもたちが楽しそうに遊んでいます。

　　Parece que os meninos brincam alegremente.

Quando「V そうだ」, que expressa uma previsão ou um indício de que algo vai ocorrer, e「A そうだ」, que indica uma aparência externa, modificam um substantivo, essas expressões assumem a forma「そうな S」. Quando modificam um verbo, assumem a forma「そうに V」.
⑥ 雨が降りそうなときは、洗濯しません。

　　Quando parece que vai chover, não lavo a roupa.
⑦ おいしそうなケーキがありますね。

　　Há bolos que parecem deliciosos, não?
⑧ 子どもたちが楽しそうに遊んでいます。

　　Parece que os meninos brincam alegremente.

Ref. 「〜そうだ（previsão/aparência）」:
　　今にも雨が降りそうです。
　　この料理は辛そうです。
　　ミラーさんはうれしそうです。

(☞『みんなの日本語初級Ⅱ』Lição 43)

5.(2) 〜なさそう

```
A い    −い → く  ⎫
A な  }  −だ → では  ⎬ + なさそう
S        （じゃ）  ⎭
```

É a forma negativa de「A そうだ」. Significa que o assunto em questão "parece não ser A/pensa-se que não seja A".
① あの映画はあまりおもしろくなさそうですね。

　　Parece que aquele filme não é muito interessante, não?

② この機械はそんなに複雑じゃ（では）なさそうです。

Parece que esta máquina não é tão complicada.

③ 彼は学生ではなさそうです。

Parece que ele não é estudante.

5. (3) ～そうもない

Forma V ます ＋ そうもない

É a forma negativa de 「V そうだ」 e indica que "provavelmente não ocorrerá V".

① 今日は仕事がたくさんあるので、5時に帰れそうもありません。

Hoje tenho muito trabalho, assim, provavelmente, não voltarei para casa às 5 horas da tarde.

② この雨はまだやみそうもないですね。

Parece que esta chuva não vai parar ainda, não?

話す・聞く

～たあと、…

V たあと、…

「V たあと、…」 indica que uma situação ou uma circunstância (…) seguirá ocorrendo depois de V.

① じゃ、来週の月曜日会議が終わった {あと／あとで}、お会いしましょうか。

Bem, vamos nos reunir depois de terminar a conferência na segunda-feira da próxima semana?

Quando 「…」 contém palavras como 「いる」 ou 「ある」, torna-se difícil empregar「あとで」.

② 日曜日は朝食を食べた {○あと／×あとで}、どこへも行かず家でテレビを見ていました。

No domingo, depois de tomar o café da manhã, não fomos a nenhum lugar e ficamos em casa assistindo à televisão.

③ 授業が終わった {○あと／×あとで}、学生が2、3人まだ教室に残っていました。

Após a aula ter terminado, dois ou três estudantes ainda permaneciam na classe.

Lição 4

1. ・・・ということだ（rumores）

    O (forma simples) ＋ ということだ

    (1) 「Xということだ」é uma expressão que indica rumores, similar a 「Xそうだ」, e se utiliza quando se informa "X", falado por alguém, ou falado pelas pessoas em geral.

    ① 山田さんから電話があったのですが、約束の時間に少し遅れるということです。

    O Sr. Yamada chamou por telefone e disse que chegará um pouco tarde ao compromisso.

    ② 近くにいた人の話によると、トラックから急に荷物が落ちたということです。

    Segundo as pessoas que estavam nas proximidades, a carga caiu de repente do caminhão.

    Também pode assumir a forma 「とのことです」, mas tende a ser mais usada na linguagem escrita.

    ③ （手紙文）　先日、ワンさんに会いました。ワンさんから先生によろしくとのことです。

    (Texto de uma carta) Alguns dias atrás, encontrei-me com o Sr. Wang. Ele lhe manda lembranças.

    (2) A expressão 「Xということですね」 pode ser usada quando se repete o que alguém acabou de dizer.

    ④ A：部長に30分ほど遅れると伝えてください。

    Por favor, diga ao chefe do departamento que vou me atrasar por uns 30 minutos.

    B：はい、わかりました。30分ほど遅れるということですね。

    Entendi. Vai chegar com um atraso de uns 30 minutos, certo?

2. ・・・の・・・の？

    O (forma simples) ＋ $\begin{cases} の \\ の？ \end{cases}$

Esta é uma forma informal de 「・・・のですか」. Usa-se ao conversar com alguém muito próximo.

① どこへ行くの？　Aonde vai?

　…ちょっと郵便局へ。　Vou até o correio.

② 元気(げんき)がないね。先生(せんせい)にしかられたの？
Parece desanimado. O professor o repreendeu?
…うん。　Sim.

③ どうしたの？　O que aconteceu?
…お母(かあ)さんがいないの。　Não encontro a minha mãe.

Ref. 「…のです／んです」: É uma forma usada para dar ênfase a uma explicação de uma causa, motivo ou fundamento. Ao falar, emprega-se 「…んです」, mas ao escrever, emprega-se 「…のです」.

(☞ 『みんなの日本語初級Ⅱ』Lição 26)

3. ～ちゃう・～とく・～てる

⟨Como criar formas⟩

V てしまう　→　V ちゃう

V ておく　　→　V とく

V ている　　→　V てる

(1)「～てしまう」se converte em「～ちゃう」na linguagem falada.
① 行(い)ってしまいます　→　行(い)っちゃいます
② 読(よ)んでしまった　→　読(よ)んじゃった
③ 見(み)てしまった　→　見(み)ちゃった

(2)「～ておく」se converte em「～とく」na linguagem falada.
④ 見(み)ておきます　→　見(み)ときます
⑤ 作(つく)っておこう　→　作(つく)っとこう
⑥ 読(よ)んでおいてください　→　読(よ)んどいてください

(3)「～ている」se converte em「～てる」na linguagem falada.
⑦ 走(はし)っている　→　走(はし)ってる
⑧ 読(よ)んでいる　→　読(よ)んでる
⑨ 見(み)ていない　→　見(み)てない

4. ～（さ）せられる・～される（causativo-passivo）

⟨Como criar formas⟩

V Ⅰ: forma ない + せられる／される

V Ⅱ: forma ない + させられる

V Ⅲ: する → させられる

　　　来(く)る → 来(こ)させられる

(1) Esta expressão combina o causativo e o passivo.
  ① 太郎君は掃除をしました。　　Taro fez uma limpeza.
    → 先生は太郎君に掃除をさせました。(causativo)
      O professor fez com que Taro fizesse uma limpeza.
    → 太郎君は先生に掃除をさせられました。(causativo-passivo)
      Taro foi obrigado a limpar pelo professor.
(2) A oração「S₁ は S₂ に V させられる」é a forma básica do causativo-passivo, mas, às vezes,「S₂ に」não é especificado. Mesmo assim, em qualquer caso, significa que S₁ não faz V por sua própria vontade, e sim porque alguém o obrigou a fazê-lo.
  ② 昨日の忘年会ではカラオケを ｛歌わせられた／歌わされた｝。
    Ontem, na festa de fim de ano, me fizeram cantar no karaoke.
  ③ この会議では毎月新しい問題について研究したことを発表させられます。
    Todos os meses, nesta reunião, nos fazem apresentar o que investigamos sobre uma nova questão.

5. ～である（estilo である）

S
Aな ｝＋である

～ている ＋ のである

Significa o mesmo que「～だ」, mas é uma forma mais formal. Utiliza-se com frequência na linguagem escrita, especialmente em comentários editoriais e outros temas similares.
  ① 失敗は成功の母である。　　O fracasso é a base do êxito.
  ② このような事件を起こしたことは非常に残念である。
    É extremamente lamentável que se tenha causado um problema como este.
  ③ ここは去年まで山であった。
    Aqui era uma área montanhosa até o ano passado.
No estilo「である」,「～のだ」se converte em「～のである」.
  ④ 世界中の人々が地球の平和を願っているのである。
    Todas as pessoas deste planeta desejam a paz mundial.

6. ～ます、～ます、… ・ ～くて、～くて、…（forma descontínua）

〈Como criar formas〉

V ：forma V ます　ーます（います → おり）

Aい：Aい　ーい → く

Aな：Aな　ーで

S ：S　ーで

(1) A forma descontínua do verbo (igual à forma V ます) é usada na oração 「V₁ (forma ます), V₂」 e estabelece uma sucessão ou uma parataxe de eventos, da mesma forma que em 「V₁ (forma て), V₂」.

① 朝起きたら、まず顔を洗い、コーヒーを飲み、新聞を読みます。

Ao levantar-me de manhã, primeiramente, lavo o rosto, tomo o café da manhã e leio o jornal.

② 彼とは学生時代、よく遊び、よく話し、よく飲んだ。

Frequentemente, eu e ele nos divertíamos, conversávamos e bebíamos quando éramos estudantes.

(2) A forma descontínua de 「いる」é 「おり」.

③ 兄は東京におり、姉は大阪にいます。

Meu irmão mais velho está em Tóquio e minha irmã mais velha está em Osaka.

(3) A forma descontínua de um adjetivo ou um substantivo indica a sucessão dos significados das próprias palavras.

④ マリアさんは、優しく、頭がよく、すばらしい女性だ。

Maria é uma mulher amável, inteligente e maravilhosa.

7. (1) ～（た）がる

Forma V ます ＋ たがる

Aい　ーい ⎫
　　　　　　⎬ ＋ がる
Aな　　　　⎭

Ao agregar a um adjetivo que expressa emoção na forma 「S が～（た）がる」, isso indica que a emoção de S (outra pessoa) se revela em sua expressão ou comportamento. A forma 「～たい」que significa um desejo assume a forma 「～たがる」.

① 太郎君は友達のおもちゃを欲しがる。

Taro deseja ter os brinquedos de seus amigos.

② このチームが負けると、息子はすごく悔しがる。

Meu filho sempre se lamenta muito quando este time perde.

③ このごろの若者は、難しい本を読みたがらない。

Os jovens de agora não mostram interesse em ler livros difíceis.

7. (2) ～（た）がっている

Forma V ます + たがっている

A い －い ⎫
A な ⎬ **+ がっている**
 ⎭

「～（た）がる」indica a tendência de uma pessoa se comportar sempre mostrando uma emoção ou aspiração. Quando alguém se comporta dessa forma no momento da conversação, emprega-se a forma「～（た）がっている」.

① 太郎君は友達のおもちゃを欲しがっている。

Taro está desejando ter os brinquedos de seus amigos.

② 好きなチームが負けて、息子はすごく悔しがっている。

O time favorito do meu filho perdeu e ele está se lamentando muito.

8. …こと・…ということ

O (forma simples) + [という] こと + partícula indicadora de caso
A な + なこと／であること

(1) Quando se acrescenta uma partícula indicadora de caso, etc. a uma oração, emprega-se a forma「…こと + partícula indicadora de caso」para fazer com que a oração funcione como um substantivo. A oração que precede「…こと」assume uma forma simples.

① 田中さんが結婚したことを知っていますか。

Você sabia que o Sr. Tanaka se casou?

② これは田中さんの辞書ではないことがわかりました。

Descobriu-se que este não é o dicionário do Sr. Tanaka.

Quando a oração termina com um adjetivo な, emprega-se a forma「A な + なこと」ou「A な + であること」.

③ 世界中でこの漫画が有名 {な／である} ことを知っていますか。

Você sabia que este mangá é mundialmente famoso?

(2) Quando a oração é comprida e complexa, deve-se utilizar「という」antes de「こと」para fazer com que ela funcione como substantivo. Acrescenta-se「～ということ」à oração de forma simples.

④ 二十歳になればだれでも結婚できるということを知っていますか？

Sabia que qualquer pessoa pode se casar depois de completar 20 anos de idade?

⑤ 日本に来てから、家族はとても大切｛だ／である｝ということに初めて気がついた。

Depois de vir ao Japão, pela primeira vez, me dei conta de que a família é muito importante.

⑥ この辺りは昔、海｛だった／であった｝ということは、あまり知られていない。

Quase ninguém sabe que, antigamente, esta área era coberta por mar.

Ref. 「こと」：朝早く起きることは健康にいい。 (☞『みんなの日本語中級Ⅰ』Lição 1)

東京へ行っても、大阪のことを忘れないでくださいね。

(☞『みんなの日本語初級Ⅰ』Lição 25)

話す・聞く

～の～（aposição）

Esta forma mostra que S₁ e S₂ são idênticos. S₁ é um substantivo que mostra um atributo de S₂, dando mais informações sobre ele. Também se pode expressar na forma「S₁ である S₂」.

① 部長の田中をご紹介します。

Apresento-lhe Tanaka, o chefe do departamento.

② あさっての金曜日はご都合いかがですか。

O Sr. está disponível depois de amanhã, sexta-feira?

～ましたら、…・～まして、…

V（forma polida）＋｛たら・て｝、…

「たら」e a forma て podem criar expressões de cortesia.

① 会議が終わりましたら、こちらからお電話させていただきます。

Quando a reunião terminar, vou tomar a liberdade de chamá-lo por telefone.

② 本日は遠くから来てくださいまして、ありがとうございました。

Agradeço por terem vindo hoje, de lugares tão distantes.

Lição 5

1.(1) あ〜・そ〜 (pronome demonstrativo contextual (conversação))

Os pronomes demonstrativos como 「あ〜」e「そ〜」, etc., podem ser usados para fazer referência a algo que apareceu em uma conversação ou que surgiu em um texto, assim como a algo que está fisicamente presente.

Em uma conversação se indica com 「あ（あれ、あの、あそこ…）」algo diretamente conhecido tanto por quem fala como por quem ouve. Indica-se com 「そ（それ、その、そこ）」algo conhecido por quem fala e desconhecido por quem escuta, ou vice-versa.

① さっき、山本さんに会ったよ。　　Acabo de me encontrar com o Sr. Yamamoto.
　　…え、あの人、今日本にいるんですか。　Como? Ele está no Japão agora?

② さっき、図書館でマリアさんという人に会ったんだけどね。その人、この学校で日本語を勉強したんだって。

Acabo de me encontrar com uma pessoa chamada Maria na biblioteca. Ela me disse que tinha estudado japonês nesta escola.

　　…そうですか。その人は何歳ぐらいですか。

　　　É mesmo? Quantos anos ela tem mais ou menos?

1.(2) そ〜 (pronome demonstrativo contextual (forma escrita))

Nas orações, emprega-se 「そ（それ、その、そこ…）」para fazer referência a algo que apareceu na oração anterior.

① 会社を出たあと、駅のレストランで夕食を食べました。そのとき、財布を落としたんだと思います。

Depois de sair da companhia, jantei em um restaurante da estação. Creio que deixei a carteira cair nesse momento.

② イギリスの人気小説が日本語に翻訳されました。それが今年日本でベストセラーになりました。

Um popular romance inglês foi traduzido ao japonês. E ele se tornou um dos livros mais vendidos neste ano no Japão.

2. ┃…んじゃない？┃

```
V  ┐
Aい ┤ forma simples
    ┤                    ┐
Aな ┤ forma simples       ├ ＋ [んじゃないですか] ／んじゃない？
S  ┘ ーだ → な            ┘
```

「…んじゃないですか」é uma forma informal de「…のではありませんか」. Usa-se em modo de conversação informal quando a pessoa que fala expressa suas ideias.

① 元気がないですね。何か困っていることがあるんじゃないですか。

　　Você parece desanimado. Não será porque tem alguma preocupação?

　　…ええ、実は……。　　Sim, a verdade é que…

「んじゃないですか」pode-se converter em「んじゃない」quando se conversa com alguém de confiança. Em uma conversação formal transforma-se em「のではないでしょうか」.

② タワポンさん、少し太ったんじゃない。

　　Thawaphon, você engordou um pouco, não é?

　　…わかりますか。　　Dá para notar?

3. ┃～たところに／で┃

V（verbo que indica movimento）forma た ＋ ところ

Os verbos que indicam movimento, tais como「行く、渡る、曲がる、出る」（ir, atravessar, dobrar, sair）, etc., usam-se na forma「V（forma た）＋ところ」para indicar a posição à qual se chegou depois que o movimento ocorreu.

① あの信号を左へ曲がったところに、郵便局があります。

　　Logo após dobrar à esquerda nesse semáforo, há uma agência de correios.

② 改札を出て、階段を上ったところで、待っていてください。

　　Saia pela catraca da estação, e me espere logo após subir a escada.

4. (1) (2) ┃～（よ）う (forma volitiva) とする／しない┃

V（よ）う ＋ とする／しない

(1)「V（よ）う（forma volitiva）とする／しない」indica algo que ocorre justamente antes de fazer V. Por conseguinte,「Vする」não se realiza. Quando se aplica desta maneira, geralmente usa-se com「～とき」,「～たら」, etc.

① 家を出ようとしたとき、電話がかかってきた。

O telefone tocou quando estava para sair de casa.

② 雨がやんだので、桜を撮ろうとしたら、カメラの電池が切れてしまった。

Quando ia tirar fotografias das flores de cerejeira porque a chuva havia parado, a bateria da câmera se descarregou.

(2) Pode, também, indicar que alguém está se esforçando para fazer V.

③ 父は健康のためにたばこをやめようとしています。

Meu pai está tentando parar de fumar para o bem da saúde.

④ あの日のことは、忘れようとしても忘れることができません。

Por mais que tente esquecer, não posso apagar da minha mente o que aconteceu naquele dia.

(3) 「V（forma volitiva）としない」indica que uma pessoa não pretende fazer V. Em geral, utiliza-se para se referir a outras pessoas e não a si mesma.

⑤ 妻は紅茶が好きで、お茶やコーヒーを飲もうとしない。

Minha esposa gosta de chá preto e nem sequer tenta tomar chá verde ou café.

⑥ 人の話を聞こうとしない人は、いつまでたっても自分の考えを変えることができません。

As pessoas que não têm intenção de escutar o que dizem os demais, aconteça o que acontecer, nunca poderão mudar de opinião.

5. …のだろうか

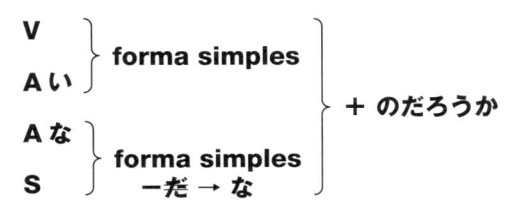

V
Aい } forma simples
Aな
S } forma simples −だ → な
} ＋ のだろうか

A expressão「Xのだろうか」usa-se quando uma pessoa se pergunta se X é certo ou não. Também pode ser usada com expressões interrogativas, tais como「どう」,「何」ou「いつ」, para se fazer pergunta a si mesma.

① この店ではクレジットカードが使えるのだろうか。

Será que é possível usar cartão de crédito nesta loja?

② 大学院に入るためには、どうすればいいのだろうか。

Que será necessário fazer para ingressar no curso de pós-graduação?

Também se pode usar para perguntar algo a alguém. Não obstante, em comparação a 「Xのですか」, a forma 「Xのでしょうか」 é uma maneira mais suave de se perguntar e não exige uma resposta.

③　すみません。この店ではクレジットカードが使えるのでしょうか。

　　　Desculpe, é possível se usar cartão de crédito nesta loja?

A forma 「Xのだろうか」 sem interrogativo pode ser usada também quando uma pessoa deseja sugerir que "X não é certo" ou que "uma pessoa não pensa que seja X".

④　このクラスでは日本語で話すチャンスがとても少ない。こんな勉強で会話が上手になるのだろうか。

　　　Nesta classe há poucas oportunidades de se falar em japonês. Será que poderei melhorar minha capacidade de conversação com um método de estudo como este?

6. ～との／での／からの／までの／への～

S + {partícula indicadora de caso + の} + S

Quando uma palavra com uma partícula indicadora de caso, tais como 「と、で、から、まで、へ」, etc., é acrescentada para modificar um substantivo, agrega-se 「の」 ao final da partícula. Não obstante, se a partícula é 「に」, não se agrega 「の」 ao final de 「に」. Nesse caso, muda-se 「に」 por 「へ」 e se usa 「への」.

①　友達との北海道旅行は、とても楽しかったです。

　　　A viagem a Hokkaido com meus amigos foi muito divertida.

②　日本での研究はいかがでしたか。

　　　Que tal foi sua pesquisa no Japão?

③　国の両親からの手紙を読んで、泣いてしまった。

　　　Ao ler a carta que meus pais me enviaram do meu país natal, acabei chorando.

④　先生へのお土産は何がいいでしょうか。

　　　Que seria bom para dar de presente ao professor?

「の」 não se agrega ao final de 「が」 nem de 「を」.

⑤　田中さんの欠席を部長に伝えてください。

　　　Por favor, informe ao chefe do departamento sobre a ausência do Sr. Tanaka.

⑥　大学院で医学の研究をするつもりです。

　　　Tenho a intenção de fazer pesquisas médicas no curso de pós-graduação.

7. …だろう・…だろうと思う（dedução）

```
V  ⎫
Aい ⎬ forma simples  ⎫
   ⎭                  ⎬ + だろう
Aな ⎫ forma simples   ⎪
S  ⎬ －だ            ⎭
```

(1) 「…だろう」é a forma simples de 「…でしょう」e se usa em orações de estilo simples. Usa-se para expressar a própria opinião de maneira mais especulativa do que definitiva.

① アジアの経済はこれからますます発展するだろう。

  É provável que a economia da Ásia se desenvolva ainda mais a partir de agora.

② マリアさんの話を聞いて、ご両親もきっとびっくりされただろう。

  Me imagino que os pais de Maria também tenham ficado surpresos quando escutaram sua história.

(2) Em uma conversação, geralmente agrega-se「と思う」e usa-se a forma「…だろうと思う」.

③ 鈴木君はいい教師になるだろうと思います。

  Penso que o jovem Suzuki provavelmente será um bom professor.

④ この実験にはあと2、3週間はかかるだろうと思います。

  Penso que esta experiência provavelmente levará mais duas ou três semanas para ser concluída.

Ref. 「～でしょう？（pedir a confirmação）」：

7月に京都でお祭りがあるでしょう？　　　　（☞『みんなの日本語初級Ⅰ』Lição 21）

「～でしょう（dedução）」：あしたは雪が降るでしょう。

　　　　　　　　　　　　　　　　　　　　（☞『みんなの日本語初級Ⅱ』Lição 32）

話す・聞く

…から、～てください

V（forma polida）＋ から、V てください

Quando se usa neste contexto,「…から」não indica um motivo.「…から」indica certa informação que é uma premissa para uma solicitação ou uma instrução que vem a seguir.

① お金を入れるとボタンに電気がつきますから、それを押してください。

  Se você introduzir o dinheiro, o botão vai se acender. Então, pressione-o, por favor.

② 10分ぐらいで戻ってきますから、ここで待っていてくれますか。

  Volto em uns 10 minutos, então, poderia me esperar aqui?

読む・書く

が／の

「が」, que indica o sujeito de uma oração que descreve um substantivo, pode ser substituído por「の」.

① 留学生 {が／の} かいた絵を見ました。

Vi os quadros que os estudantes estrangeiros pintaram.

② 田中さん {が／の} 作ったケーキはとてもおいしかった。

O bolo feito pelo Sr. Tanaka estava muito gostoso.

Lição 6

1. (1) …て…・…って… （citação）

O（forma simples）＋ て／って…

Na linguagem falada,「と」, que se utiliza para fazer referência a algo, pode ser convertido em「て」ou「って」.

① 田中さんは昨日何て言っていましたか。　←「と」

　　O que o Sr. Tanaka disse ontem?

　　…今日は休むって言っていました。　←「と」

　　　Disse que ia descansar hoje.

② 店の前に「本日休業」って書いてありました。　←「と」

　　Havia um aviso em frente da loja no qual estava escrito "Fechado hoje".

「という」em「～という名前を持つ人／もの／ところ」também se pode converter em「って」.

③ 昨日、田山って人が来ましたよ。　←「という」

　　Ontem, veio uma pessoa que se chama Tayama.

1. (2) ～って… （tema）

O（forma simples）
S forma simples －だ ＋って…

「Xって」é uma forma usada pela pessoa que fala para perguntar sobre X, que não conhece muito bem, ou para descrever as qualidades e as características de X.

④ ねえ、函館って、どんな町？　Escute, que tipo de cidade é Hakodate?

⑤ メンタルトレーニングっておもしろい！　O treinamento mental é interessante!

2. (1) ～つもりはない （intenção em forma negativa）

Forma V dic ＋ つもりはない

(1)「～つもりはない」é a forma negativa de「～つもりだ」e significa "não ter intenção de ...".

① 卒業後は就職するつもりです。大学院に行くつもりはありません。

　　Depois de me formar, tenho a intenção de procurar emprego. Não tenho intenção de fazer o curso de pós-graduação.

② 仕事が忙しいので、今夜のパーティーに出るつもりはない。

　　Estou ocupado com o trabalho, assim, não tenho a intenção de ir à festa desta noite.

「Vつもりはない」pode ser mudado para 「そのつもりはない」 se forem conhecidos os detalhes indicados por V.

③　A：1週間くらい休みを取ったらどうですか。

　　　Que tal se você descansar por aproximadamente uma semana?

　　B：いえ、そのつもりはありません。

　　　Não, não tenho a intenção de fazê-lo.

(2) As duas formas negativas de 「～つもりだ」 são 「～つもりはない」 e 「～ないつもりだ」. 「～つもりはない」 é uma forma negativa mais forte e se utiliza para negar firmemente o que alguém disse.

④　新しいコンピューターが発売されました。いかがですか。

　　Um novo computador foi lançado. Que tal comprá-lo?

　　…コンピューターは持っているから｛〇買うつもりはない／×買わないつもりだよ。｝

　　Já possuo um, por isso não tenho nenhuma intenção de comprar outro.

2. (2)　～つもりだった (intenção em tempo passado)

Forma V dic
Forma V ない　－ない　｝ + つもりだった

(1) 「～つもりだった」 é a forma passada de 「～つもりだ」 e significa "tinha a intenção de ...".

①　電話するつもりでしたが、忘れてしまいました。すみません。

　　Tinha a intenção de chamá-lo por telefone, mas acabei me esquecendo. Desculpe-me.

(2) Frequentemente seguem palavras que expressam mudança de opinião.

②　パーティーには行かないつもりでしたが、おもしろそうなので行くことにしました。

　　Não tinha a intenção de ir à festa, mas decidi ir porque me pareceu que ia ser divertida.

Ref.　「～つもりだ (intenção)」：国へ帰っても、柔道を続けるつもりです。

(☞『みんなの日本語初級Ⅱ』Lição 31)

2. (3) 〜たつもり・〜ているつもり

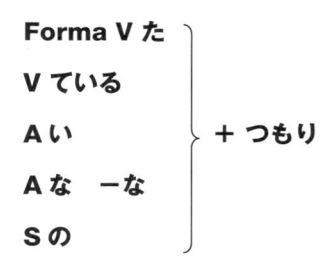

Forma V た
V ている
A い   ＋ つもり
A な －な
S の

「X たつもり／X ているつもり」indica que o agente pensa que algo é X. No entanto, na realidade, é possível que não seja X em absoluto, ou que se desconheça por completo se é ou não é X.

① 外国語を練習するときは、小さな子どもになったつもりで、大きな声を出してみるといい。

Ao praticar um idioma estrangeiro, é bom tentar falar em voz alta, como se fosse uma criança.

② かぎがかかっていませんでしたよ。　(A porta) Não estava trancada a chave, sabia?
…すみません、かけたつもりでした。　Perdão, pensei que havia trancado.

③ わたしは一生懸命やっているつもりです。

Creio que estou dedicando todo meu esforço.

④ 若いつもりで無理をしたら、けがをしてしまった。

Acabei me machucando tentando fazer esforços como se ainda fosse jovem.

⑤ 本当の研究発表のつもりで、みんなの前で話してください。

Por favor, fale na frente de todos como se estivesse fazendo uma apresentação real de um estudo.

Ref. 「Forma V dic つもりです (intenção de atuar)」：
国へ帰っても、柔道を続けるつもりです。　　　(☞『みんなの日本語初級Ⅱ』Lição 31)

3. 〜てばかりいる・〜ばかり〜ている

(1) Forma V て ＋ ばかりいる

(2) S ばかり ＋ Vt. ている

(1) Indica que uma ação é executada de maneira habitual ou repetitiva e que a pessoa que fala se mostra crítica ou insatisfeita com a situação.

① この猫は一日中、寝てばかりいる。

Este gato passa o dia inteiro somente dormindo.

② 弟はいつもコンピューターゲームをしてばかりいる。

Meu irmão mais novo passa o tempo somente jogando jogos eletrônicos.

(2) Com um verbo intransitivo, 「ばかり」 pode vir imediatamente depois do assunto ao qual se faz referência.
   ③ 弟はいつもコンピューターゲームばかりしている。
   Meu irmão mais novo passa o tempo somente jogando jogos eletrônicos.

4. …とか…

S
O (forma simples) ⎫ + とか

(1) 「…とか…とか」 usa-se quando se enumeram vários exemplos similares.
   ① 最近忙しくて、テレビのドラマとか映画とか見る時間がありません。
   ② 健康のためにテニスとか水泳とかを始めてみるといいですよ。

(☞『みんなの日本語初級Ⅱ』Lição 36)

(2) Pode-se colocar orações em 「…」.
   ③ 子どものとき、母に「勉強しろ」とか「たくさん食べなさい」とかよく言われました。

   Quando era criança, minha mãe me dizia frequentemente "estude", "coma bastante" e outras coisas.

   ④ 今日のテストは「難しい」とか「問題が多すぎる」とか思った学生が多いようです。

   Parece que muitos estudantes opinaram que o exame de hoje foi "difícil", "tinha perguntas demais" e outras coisas.

   ⑤ やせたいんです。どうしたらいいですか。

   Desejo emagrecer. Que devo fazer?
   …毎日水泳をするとか、ジョギングをするとかすればいいですよ。

   É bom que você nade ou corra todos os dias.

5. ～てくる (surgimento de uma circunstância)

Forma V て + くる

「～てくる」 indica que ocorreu uma nova circunstância e que, por conseguinte, algo se tornou patente.

① 暗くなって、星が見えてきた。

Escureceu e as estrelas começaram a aparecer.

② 隣の家からいいにおいがしてきた。

Um cheiro agradável veio exalando da casa vizinha.

6. ～てくる (aproximar-se)・～ていく (distanciar-se)

Forma V て ＋ { くる / いく }

「～てくる」e「～ていく」se agregam aos verbos que indicam movimento para mostrar a direção desse deslocamento.「～てくる」indica que o movimento vai em direção de quem fala.「～ていく」, por sua parte, indica que o movimento se distancia de quem fala.

① 兄が旅行から帰ってきた。　　Meu irmão mais velho voltou de viagem.
② 授業のあと、学生たちはうちへ帰っていった。

Os estudantes regressaram às suas casas depois das aulas.

読む・書く

こ～ (pronome demonstrativo contextual)

Em uma oração,「こ」pode indicar algo que aparece posteriormente a ela.

① 新聞にこんなことが書いてあった。最近の日本人は家族みんなで休日にコンピューターゲームを楽しむそうだ。

Escreveram o seguinte em um jornal: Parece que, recentemente, as famílias japonesas desfrutam juntas jogando jogos eletrônicos nos dias de descanso.

Ref.　「あ～・そ～ (pronome demonstrativo contextual (conversação))」
　　　「そ～ (pronome demonstrativo contextual (forma escrita))」

(☞『みんなの日本語中級Ⅰ』Lição 5)

Lição 7

1. (1) 〜なくてはならない／いけない・〜なくてもかまわない

Forma V ない
A い　ーい → く
A な　　　　　　＋　　なくてはならない／いけない
S　　　　で　　　　　　なくてもかまわない

(1)「〜なくてはならない／いけない」indica que「〜」é obrigatório ou definitivamente necessário. O mesmo ocorre com「〜なければならない」.

① この薬は一日２回飲まなくてはならない。
　Deve se tomar este remédio duas vezes por dia.

② レポートは日本語でなくてはなりません。
　O relatório deve ser escrito em japonês.

(2)「〜なくてもかまわない」indica que「〜」não é necessário. É uma expressão mais polida que「〜なくてもいいです」.

③ 熱が下がったら、薬を飲まなくてもかまわない。
　Uma vez que a febre abaixe, não há problema em não tomar o remédio.

④ 作文は長くなくてもかまいません。
　Não é necessário que a composição seja comprida.

Ref. 「〜なければならない (Deve-se fazer sem se importar com o desejo do executante da ação.)」：薬を飲まなければなりません。

「〜なくてもいい (Não há necessidade de se executar uma ação.)」：
あした来なくてもいいです。　　　　　　　　（☞『みんなの日本語初級 I』Lição 17）

1. (2) 〜なくちゃ／〜なきゃ［いけない］

〈Como criar formas〉

V なくてはいけない → V なくちゃ［いけない］

V なければいけない → V なきゃ［いけない］

No modo de conversação informal,「なくてはいけない」pode se transformar em「なくちゃいけない」, enquanto que「なければいけない」pode se transformar em「なきゃいけない」. Outrossim,「いけない」pode ser omitido.

2. …だけだ・[ただ] …だけでいい

1) S + だけ
2) V
   Aい } forma simples
   Aな forma simples   + { だけだ
         ーだ → な   だけでいい

(1) 「〜だけ」é agregado a um substantivo para indicar um limite.

(☞ 『みんなの日本語初級Ⅰ』Lição 11)

① 外国人の社員は一人だけいます。　Há somente um empregado estrangeiro.
② 休みは日曜日だけです。　Descansa-se somente aos domingos.

(2) Um verbo ou um adjetivo pode vir antes de 「…だけ」, criando um predicado.

③ 何をしているの？　O que você está fazendo?
　…ただ、本を読んでいるだけです。　Estou somente lendo um livro.
④ 病気ですか？　Está doente?
　…ちょっと気分が悪いだけです。　Não, só me sinto um pouco indisposto.

(3) 「…するだけでいい」indica que é necessário somente executar uma ação específica 「…すること」e nada mais.

⑤ 申し込みはどうするんですか？　Como se faz o requerimento?
　…この紙に名前を書くだけでいいんです。　Basta escrever seu nome neste papel.

3. …かな（partícula de final de oração）

V
Aい } forma simples
Aな } forma simples   + かな
S   ーだ

(1) 「…かな」usa-se para fazer uma pergunta que não exige uma resposta. 「…」é a forma simples.

① A：お父さんの誕生日のプレゼントは何がいいかな。
　　O que seria bom dar de presente ao meu pai em seu aniversário?
　B：セーターはどうかな。　Que tal um suéter?

(2) Caso se utilizar 「…ないかな」em um convite ou solicitação, esta forma adquire um efeito suavizante, fazendo com que ela seja menos direta.

② A：明日みんなで桜を見に行くんですが、先生もいっしょにいらっしゃらないかなと思いまして。

Amanhã vamos todos ver as cerejeiras em flor. Professor, não gostaria de ir conosco?

B：桜ですか。いいですね。　Cerejeiras em flor? Seria bom.

③ A：3時までにこの資料を全部コピーしなければならないんだけど、手伝ってくれないかな。

Devo terminar de copiar todos esses documentos antes das 3 horas da tarde. Poderia me ajudar?

B：いいよ。　Não há problema.

4. (1) ～なんか…

S ＋ なんか

「～なんか」indica que a pessoa que fala despreza 「～」, dando-lhe pouca importância. É semelhante a「など」, mas「～なんか」usa-se em conversação.

① わたしの絵なんかみんなに見せないでください。絵が下手なんです。

Por favor, não mostre coisas como minhas pinturas a todos. Não sou bom para pintar.

4. (2) …なんて…

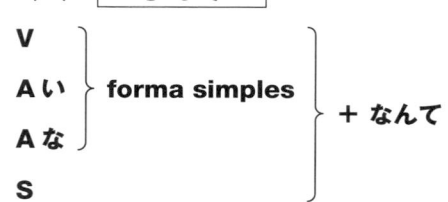

V
Aい　｝ forma simples ｝ ＋ なんて
Aな
S

(1) 「X なんて Y」também indica que a pessoa que fala despreza X e lhe dá pouca importância. É semelhante a「など」, mas「X なんて」usa-se em conversação.

① わたしの絵なんてみんなに見せないでください。絵が下手なんです。

Por favor, não mostre coisas como minhas pinturas a todos. Não sou bom para pintar.

(2) Do mesmo modo,「X なんて」pode ser usado para fazer uma avaliação negativa ou para mostrar surpresa com respeito a X. Usa-se em conversação.

② 昨日、大江さんという人から電話があったよ。

Ontem, telefonou-lhe uma pessoa chamada Oe.

…大江なんて（人）知りませんよ、わたし。

Eu não conheço a nenhum Oe!

③ 先生が3年も前に事故にあって亡くなったなんて、知りませんでした。

Não sabia que nosso professor havia falecido em um acidente de tráfego três anos atrás.

④ 試験に一度で合格できたなんて、びっくりしました。

Fiquei surpreso por ter sido aprovado no exame na primeira tentativa!

⑤ ミラーさんがあんなに歌がうまいなんて、知りませんでした。

Não sabia que o Sr. Miller era tão bom para cantar!

「なんて」usa-se depois de um verbo ou de um adjetivo, como em ③, ④ e ⑤. Neste caso, não se pode usar「なんか」.

5.（1）～（さ）せる（causativo emocional）

⟨Como criar formas⟩

V_{i.} (verbo que indica emoção) ＋（さ）せる

Além de se utilizar para expressar uma ordem a uma outra pessoa para que ela faça algo, a forma causativa「～（さ）せる」é usada para evocar uma emoção. Neste caso, utiliza-se um verbo intransitivo que indica emoção, tal como「泣く、びっくりする、楽しむ、驚く（chorar, surpreender-se, desfrutar, assustar-se）」e a pessoa na qual se desperta a emoção, indica-se com「を」.

① 殴って、弟を泣かせたことがある。

Já bati no meu irmão e o fiz chorar.

② テストで100点を取って、母をびっくりさせた。

Surpreendi minha mãe tirando nota 100 no exame.

Ref. 「～（さ）せる（causativo）」：部長は加藤さんを大阪へ出張させます。

(☞『みんなの日本語初級Ⅱ』Lição 48)

5.（2）～（さ）せられる・～される（passivo do causativo emocional）

⟨Como criar formas⟩

V_{i.} ＋（さ）せられる／される

O causativo emocional também pode ser usado na forma passiva.

① 何度買っても宝くじが当たらず、がっかりさせられた。

Mesmo tendo comprado várias vezes bilhetes de loteria, nunca fui sorteado e sempre fiquei decepcionado.

② 子どもが書いた作文はすばらしく、感心させられた。

A composição que o menino escreveu era maravilhosa e fiquei impressionado.

Neste caso, indica que se despertou uma forte emoção, como, por exemplo, de surpresa, tristeza, decepção e admiração.

Ref. 「～（さ）せる（causativo）」：部長は加藤さんを大阪へ出張させます。
(☞『みんなの日本語初級Ⅱ』Lição 48)

「～（ら）れる（passivo）」：わたしは先生に褒められました。
(☞『みんなの日本語初級Ⅱ』Lição 37)

「～（さ）せられる（causativo-passivo）」：太郎君は先生に掃除をさせられました。
(☞『みんなの日本語中級Ⅰ』Lição 4)

6. …なら、…

```
V  ┐
Aい ├ forma simples ┐
   ┘               │
Aな ┐              ├ ＋なら
S  ├ forma simples │
   ┘  －だ         ┘
```

「XならY」usa-se para recomendar a alguém que faça Y quando essa pessoa pensa fazer X, ou se encontra em uma situação (X), assim como para pedir informações (Y) sobre X a alguém. X pode ser um substantivo, um verbo ou um adjetivo.

「なら」agrega-se à forma simples. No entanto, quando X termina em um adjetivo な ou em um substantivo, emprega-se「adjetivo な/substantivo ＋なら」.

① パソコンを買いたいんですが。
…パソコンならパワー電気のがいいですよ。
(☞『みんなの日本語初級Ⅱ』Lição 35)

② ワインを買うなら、あの酒屋に安くておいしいものがあるよ。
Se for comprar um vinho, nessa adega há produtos baratos e deliciosos.

③ 日曜大工でいすを作るなら、まず材料に良い木を選ばなくてはいけません。
Se você mesmo fizer uma cadeira, primeiramente, deve escolher uma boa madeira como material.

④ 頭が痛いなら、この薬を飲むといいですよ。
Se tem dor de cabeça, é bom tomar este remédio.

⑤ 大学院への進学のことを相談するなら、どの先生がいいかな。
Se for pedir conselhos sobre estudos de pós-graduação, com que professor devo fazê-lo?

読む・書く

～てくれ

(1) 「Ｖてくれ」usa-se para dar instruções sobre algo ou para pedir algo indiretamente a alguém. Para instruir ou pedir algo diretamente, emprega-se 「～てください」.

① 田中さんはお母さんに「７時に起こしてください」と言いました。

O Sr. Tanaka disse à sua mãe: "por favor, acorde-me às 7 da manhã".

→ 田中さんはお母さんに何と言いましたか。

O que o Sr. Tanaka disse à sua mãe?

…７時に起こしてくれと言いました。

Que o acordasse às 7 da manhã.

(2) Ｖてくれ usa-se para fazer um pedido a um subordinado e é usado principalmente pelos homens.

② 部長：田中君、この資料をコピーして来てくれ。

Chefe de departamento: Tanaka, por favor, tire cópias destes documentos.

Lição 8

1. (1)(2) 〜あいだ、… ・ 〜あいだに、…

$$\left.\begin{array}{l}\text{V ている}\\ \text{S の}\end{array}\right\} + \left\{\begin{array}{l}\text{あいだ}\\ \text{あいだに}\end{array}\right.$$

(1) Em uma situação em que tanto X como Y se mantêm durante um certo período de tempo, 「X あいだ、Y」 mostra que Y é uma ação simultânea a X.

① 電車に乗っているあいだ、本を読んでいた。

　　Durante o trajeto de trem, ia lendo um livro.

② 夏休みのあいだ、ずっと国に帰っていた。

　　Durante as férias de verão, passei todo o tempo no meu país natal.

(2) No caso de 「X あいだに、Y」, X é uma situação que se mantém por certo tempo e Y é um acontecimento, mostrando que Y surgiu enquanto X continua ocorrendo.

③ 食事に出かけているあいだに、部屋に泥棒が入った。

　　Um ladrão entrou no meu apartamento enquanto havia saído para comer.

④ 旅行のあいだに、アパートに泥棒が入った。

　　Um ladrão entrou no meu apartamento enquanto estava viajando.

Ref. 「あいだ (posição)」：郵便局は銀行と本屋のあいだ（間）にあります。

(☞『みんなの日本語初級I』Lição 10)

2. (1)(2) 〜まで、… ・ 〜までに、…

$$\left.\begin{array}{l}\text{S}\\ \text{Forma V dic}\end{array}\right\} + \left\{\begin{array}{l}\text{まで}\\ \text{までに}\end{array}\right.$$

(1) Em 「X まで Y」, X indica o limite final de Y, enquanto Y é uma ação ou situação contínua.

① 3時までここにいます。

② 毎日9時から5時まで働きます。　　　　　　　(☞『みんなの日本語初級I』Lição 4)

　　X pode ser um ato ocorrido em lugar de um determinado momento.

③ 先生が来るまで、ここで待っていましょう。

　　Esperemos aqui até que o professor venha.

(2) Em「XまでにY」, X também é um limite, mas Y não é uma ação ou situação contínua. Ele se trata de um acontecimento único. Mostra que Y ocorre antes de X.
① 3時までに帰ります。 (☞『みんなの日本語初級Ⅰ』Lição 17)
② 先生が来るまでに、掃除を終わらせた。
Terminamos a limpeza antes que o professor chegasse.

3. 〜た〜 (modificação de substantivo)

Forma V た ＋ S

(1) Quando se modifica um substantivo mediante o uso da forma verbal ている, que indica o surgimento de uma situação como resultado da conclusão de uma ação ou mudança, pode se substituir pela forma verbal た.
① 田中さんは眼鏡をかけています。→ 眼鏡をかけた田中さん
O Sr. Tanaka usa óculos. → O Sr. Tanaka, que usa óculos.
② 線が曲がっている。 → 曲がった線
A linha é curva. → Linha curva.

(2) Em caso de modificação de um substantivo mediante a forma verbal ている, que indica uma situação que está ocorrendo, o significado muda caso se substituir pela forma verbal た.
③ 山下さんは本を読んでいます。 ≠ 本を読んだ山下さん
O Sr. Yamashita está lendo um livro. ≠ O Sr. Yamashita, que leu um livro.
④ 東京電気で働いている友達 ≠ 東京電気で働いた友達
Meu amigo, que trabalha na Tokyo Electric. ≠ Meu amigo, que trabalhou na Tokyo Electric.

Ref. 「ている (indica a situação de um resultado)」: 窓が割れています。
(☞『みんなの日本語初級Ⅱ』Lição 29)

4. 〜によって…

S ＋ によって

Em「XによってY」, Y indica que ocorrem múltiplas mudanças dependendo do tipo de X. O predicado de Y vem frequentemente com「違う」(diferir),「変わる」(cambiar)「さまざまだ」(variar/ser variado), etc.
① 好きな食べ物は人によって違う。
Os alimentos favoritos diferem dependendo da pessoa.
② 季節によって景色が変わる。 A paisagem muda dependendo da estação.

5. ～たまま、… ・ ～のまま、…

Forma V た ⎫
S の   ⎬ ＋ まま
            ⎭

「V たまま Y ／ S のまま Y」 indica que "se executa Y em uma situação posterior a uma ação V" ou que "se executa Y em uma situação de S". Utiliza-se em casos em que, normalmente, não se faz Y na situação X.

① 眼鏡をかけたまま、おふろに入った。

　　Entrei no banho com os óculos postos.

② 昨夜の地震にはびっくりして、下着のまま、外に出た。

　　Estava tão assustado com o terremoto que saí com a roupa de baixo.

6. …からだ（causa/motivo）

(1) O（forma simples）＋ からだ

(2) O（forma simples）＋ のは、O（forma simples）＋ からだ

(1) É uma forma de descrever a causa ou o motivo de um ocorrido. Usa-se ao responder a uma pergunta sobre o motivo de ter ocorrido algo, agregando「から」à forma simples.

① どうして医者になりたいんですか。　　Por que quer ser médico?
　　…医者は人を助けるすばらしい仕事だからです。

　　　Porque ser médico é um trabalho maravilhoso em que se ajuda as pessoas.

(2) Quando se descreve primeiro o resultado e depois o motivo do mesmo, a oração se torna「…（forma simples）＋ のは、…（forma simples）＋ からだ」.

② 急にドアが開いたのは、だれかがボタンを押したからだ。

　　A porta se abriu de repente porque alguém apertou o botão.

Mesmo que「…ので」indica uma razão, não é possível se usar as maneiras acima mencionadas, assim, não se pode dizer「…のでだ／…のでです」.

Ref. 「…から (motivo: fazer uma oração mediante o enlace de duas orações)」：
　　　時間がありませんから、新聞を読みません。　　　　　（☞『みんなの日本語初級Ⅰ』Lição 9）

話す・聞く

髪/目/形 (cabelos/olhos/aspecto) をしている

Esta é uma expressão usada para se descrever a característica visual de pessoas ou objetos.

① リンリンちゃんは長い髪をしています。

A pequena Lin Lin tem cabelos compridos.

② この人形は大きい目をしています。　　Esta boneca tem olhos grandes.

③ このパンは帽子みたいな形をしている。

Este pão tem uma forma parecida a de um chapéu.

Lição 9

1. お～ますです

Esta é uma expressão de respeito da forma 「～している」 de um verbo. Usa-se como uma maneira respeitosa de descrever uma ação atual ou a situação que prevalece como resultado de uma ação.

① 何をお読みですか。　Permite-me perguntar-lhe o que está lendo?
　＝ 何を読んでいますか。　O que está lendo?
② いい時計をお持ちですね。
　　Perdoe-me o atrevimento, mas o senhor tem um relógio bonito.
　＝ いい時計を持っていますね。　O senhor tem um relógio bonito.

Com um verbo que indica uma situação, usa-se como uma maneira respeitosa para descrever a situação atual.

③ 時間がおありですか。　Perdão, o senhor dispõe de tempo?
　＝ 時間がありますか。　Você tem tempo?

Mesmo assim, quando se trata de verbos que, geralmente, indicam partida ou chegada, dependendo da situação, é possível se usar como uma forma respeitosa de uma ação do futuro ou do passado.

④ 部長は何時にお着きですか。　A que horas chega o chefe do departamento?
　＝ 部長は何時に着きますか。　A que horas chega o chefe do departamento?
⑤ （夕方、隣の家の人に会って）今、お帰りですか。
　　(Ao ver um vizinho pela tarde) Voltou para casa agora?
　＝ 今、帰りましたか。　Voltou para casa agora?

Não obstante, com os seguintes verbos adquire uma forma especial.

⑥ 行く・いる・来る （ir/estar/vir） → おいでです
　　来る （vir） → お越しです・お見えです
　　食べる （comer） → お召し上がりです
　　着る （vestir-se） → お召しです
　　寝る （dormir） → お休みです
　　住んでいる （viver/morar） → お住まいです
　　知っている （saber/conhecer） → ご存じです

2. ～てもかまわない

```
Forma V て
A い  －い → くて
A な  ⎫
S    ⎬ ＋ で        ＋ もかまわない
```

「～てもかまわない」indica autorizar ou dar permissão a alguém para fazer algo. Em uma oração interrogativa usa-se para pedir permissão para fazer algo. Significa o mesmo que 「～てもいい」, mas é mais formal.

① ここに座ってもかまいませんか。　　Importa-se se eu me sentar aqui?

② 間に合わなかったら、あしたでもかまいません。

　Se não der tempo, não há problema que o faça amanhã.

Ref. 「～てもいい (permissão)」：写真を撮ってもいいです。

(☞『みんなの日本語初級Ⅰ』Lição 15)

3. …ほど～ない・…ほどではない（comparação）

```
(1) S              ⎫     ⎧ A い  －い → く ＋ ない
    V (forma simples) ⎬ ほど ⎨
                    ⎭     ⎩ A な  －だ → ではない

(2) S              ⎫
    V (forma simples) ⎬ ほどではない
```

(1) 「A は B ほど X ではない」indica que tanto A como B são X, mas quando se trata de uma comparação, A é menos X que B.

① 中国は日本より広いが、ロシアほど広くはない。

　A China é mais extensa que o Japão, mas não tanto como a Rússia.

② 八ヶ岳は有名な山だが、富士山ほど有名ではない。

　As montanhas Yatsugatake são famosas, mas não tanto como o monte Fuji.

③ 田中先生は厳しいですか。

　O professor Tanaka é rigoroso?

　…ええ、でも、鈴木先生ほど厳しくないですよ。

　　Sim, mas não tanto como o professor Suzuki.

É possível se usar "V（forma simples）" para B, como 「思ったほど」,「考えていたほど」.

④ このレストランは人気があるそうだが、料理は思ったほどおいしくなかった。

　Dizem que este restaurante é famoso, mas a comida não era tão boa como eu esperava.

(2) Também se pode omitir X.
⑤ 10月に入って少し寒くなったが、まだコートを着るほどではない。

Ao chegar o mês de outubro começou a fazer um pouco de frio, mas não tanto como para usar casaco.

4. ～ほど～はない／いない（comparação）

S ほど { A い / A な －な } S ＋ はない／いない

「X ほど Y はない／いない」significa que "X é o melhor Y".

① スポーツのあとに飲むビールほどおいしいものはない。

Não há nada tão delicioso como a cerveja que se bebe depois de praticar esporte.

② 田中さんほど仕事がよくできる人はいません。

Ninguém pode fazer melhor o trabalho que o Sr. Tanaka.

③ この島で見る星ほど美しいものはありません。

Não há nada tão belo como as estrelas que se veem nesta ilha.

④ 田中先生ほど親切で熱心な先生はいない。

Não há professor tão amável e entusiasta como o professor Tanaka.

⑤ アジアで『ドラえもん』ほどよく知られている漫画はありません。

Na Ásia não há *mangá* tão conhecido como "Doraemon".

5. …ため［に］、… · …ためだ（causa/motivo）

O (forma simples)
A い
A な －な
S の
＋ { ため［に］ / ためだ }

Em 「X ために、Y」, X é a causa ou o motivo, e Y é o que ocorreu. Esta expressão se emprega ao escrever e é mais formal que 「から」 e 「ので」. Caso se indicar primeiro o resultado Y, e se der a causa ou o motivo X como predicado, a construção se torna 「Y（の）は X ためだ」.

① 大雪が降ったために、空港が使えなくなりました。

Devido à forte nevada, o aeroporto ficou interditado.

② 空港が使えなくなったのは、大雪が降ったためです。

O aeroporto ficou interditado devido à forte nevada.

6. ～たら／～ば、…た (uso em situação hipotética)

Ｖたら／Ｖば、…た
Ａい　－い → かったら／ければ、⎫
　　　　　　　　　　　　　　　　⎬　…た
Ａな　　　＋だったら／なら、　　⎭

Esta expressão é utilizada quando se estabelecem hipóteses sobre o que poderia ter ocorrido se um determinado fato tivesse acontecido. A oração termina com a expressão de dedução ou「のに」, etc.

① もし昨日雨が降っていたら、買い物には出かけなかっただろう。

   Provavelmente não teria saído para fazer compras ontem, se estivesse chovendo.

② お金があれば、このパソコンが買えたのに。

   Se tivesse tido dinheiro, poderia ter comprado este computador.

③ この間見たパソコン、買ったんですか。

   Comprou o computador que viu no outro dia?

   …いいえ、もう少し安ければ、買ったんですが……。

   Não, teria comprado se tivesse sido um pouco mais barato, mas...

Ref.　「～たら（hipótese）」：お金があったら、旅行します。

　　　「～たら（algo que ocorrerá seguramente no futuro）」：
　　　10時になったら、出かけましょう。　　　　　（☞『みんなの日本語初級Ⅰ』Lição 25）

　　　「～ば（condicional）」：ボタンを押せば、窓が開きます。
　　　　　　　　　　　　　　　　　　　　　　　　（☞『みんなの日本語初級Ⅱ』Lição 35）

Lição 10

1. (1) ┃…はずだ┃

V
Aい　　　forma simples
Aな　　　forma simples
　　　　－だ → な　　　＋ はずだ
S　　　　forma simples
　　　　－だ → の

「…はずだ」 mostra que quem fala acredita firmemente que algo seja verdade, baseando-se em cálculos, conhecimentos prévios ou lógica.

① 飛行機で東京まで1時間だ。2時に大阪を出発すれば3時には着くはずだ。

　　De avião, levamos uma hora até Tóquio. Se sairmos de Osaka às 2 da tarde, deveremos chegar às 3.

② 薬を飲んだから、もう熱は下がるはずだ。

　　Como tomei remédios, a febre já deve baixar.

③ 子どもが8人もいたから、生活は楽ではなかったはずだ。

　　Como teve oito filhos, sua vida não deve ter sido fácil.

「はず」 usa-se como substantivo em expressões como 「はずなのに」、「はずの」 e 「そのはず」.

④ 山田さんは来ますか。　　O Sr. Yamada vem?

　　…はい、そのはずです。　　Sim, suponho que sim.

Ref. 「…はずだ」:

　　ミラーさんは今日来るでしょうか。

　　…来るはずですよ。昨日電話がありましたから。　　(☞『みんなの日本語初級Ⅱ』Lição 46)

1. (2) …はずが／はない

V
Aい } forma simples

Aな   forma simples
　ーだ → な

S   forma simples
　ーだ → の

} + はずが／はない

「はずがない／はずはない」, a forma negativa de「はずだ」, significa "improvável" ou "impossível". Usa-se para negar com firmeza algo, baseando-se em razões fundamentadas.

① あんなに練習したんだから、今日の試合は負けるはずがない。

　　Treinaram tanto que é impossível que percam a partida de hoje.

② 人気がある映画なのだから、おもしろくないはずはありません。

　　Trata-se de um filme de sucesso, então, não é possível que seja aborrecido.

③ 階段の前に1週間前から赤い自転車が置いてある。ワットさんも赤い自転車を持っているが、今修理に出してある。だからこの自転車はワットさんの自転車のはずがない。

　　Desde uma semana atrás, alguém deixou uma bicicleta vermelha em frente à escadaria. O Sr. Watt tem uma bicicleta vermelha, mas, agora, ela está em conserto. Por conseguinte, não é possível que seja a bicicleta do Sr. Watt.

Cabe esclarecer que ao negar o que alguém disse, dando a entender que "isso não é certo", emprega-se a expressão「そんなはずはない」.

④ かぎがかかっていなかったよ。　A porta não estava fechada a chave!

　　…そんなはずはありません。　Isso é impossível!

1. (3) …はずだった

V
Aい } forma simples

Aな   forma simples
　ーだ → な

S   forma simples
　ーだ → の

} + はずだった

「…はずだった」, a forma passada de「…はずだ」, indica que quem fala estava pensando que algo ocorreria com certeza. Usa-se com muita frequência quando algo resultou ser

diferente do esperado.
① 旅行に行くはずだった。しかし、病気で行けなくなった。

Ia sair de viagem, mas, fiquei doente e não pude ir.
② パーティーには出ないはずだったが、部長が都合が悪くなったので、わたしが出席することになった。

Eu não ia à festa, mas o chefe do departamento teve um outro compromisso e eu tive que ir em seu lugar.

Ref. 「…はずだ」：
ミラーさんは今日来るでしょうか。
…来るはずですよ。昨日電話がありましたから。　　　（☞『みんなの日本語初級Ⅱ』Lição 46）

2. …ことが／もある

Forma V　dic
Forma V　ない　－ない
A い
A な　－な
S の
　　　　　　　　＋ ことが／もある

(1)「ことがある・こともある」significa que "X ocorre ocasionalmente" ou que "às vezes se apresenta uma situação X".
① 8月はいい天気が続くが、ときどき大雨が降ること｛が／も｝ある。

Em agosto faz um bom clima, mas, ocasionalmente, chove muito.
② 母の料理はいつもおいしいが、ときどきおいしくないこと｛が／も｝ある。

A comida da minha mãe é sempre deliciosa, mas, às vezes, não é.
③ このスーパーはほとんど休みがないが、たまに休みのこと｛が／も｝ある。

Este supermercado quase nunca fecha, mas, às vezes fecha.

(2)「ことがある」e「こともある」, na maioria dos casos, utilizam-se com o mesmo significado.
④ このエレベーターは古いから、たまに止まること｛が／も｝ある。

Este elevador é velho, então, às vezes ele para.
⑤ 彼女の電話はいつも長いが、たまには短いこと｛が／も｝ある。

Ela sempre faz longas chamadas telefônicas, mas, às vezes são curtas.

⑥ うちの子どもたちはとても元気だが、1年に何度か熱を出すこと {が／も} ある。

Nossos filhos sempre estão com saúde, mas, algumas vezes por ano, ficam com febre.

Ref. 「forma V た ＋ことがある（experiência）」：
わたしはパリに行ったことがあります。

(☞『みんなの日本語初級Ⅰ』Lição 19)

3. ～た結果、…・～の結果、…

Forma V た
S の } ＋ 結果 (resultado)、…

Isto mostra que uma ação「～」ocorreu e resultou em um acontecimento posterior「…」. Utiliza-se principalmente em linguagem escrita, mas, também se ouve frequentemente nos noticiários da televisão ou rádio.

① {調査した／調査の} 結果、この町の人口が減ってきていることがわかりました。

Os resultados {da investigação realizada/da investigação} mostram que a população desta cidade está diminuindo.

② 両親と {話し合った／の話し合いの} 結果、アメリカに留学することに決めました。

Como resultado {de ter conversado/da conversação} com meus pais, decidi ir estudar nos Estados Unidos.

4. (1) ～出す (verbo composto)

A「forma V ます＋出す」significa que "se está iniciando uma ação (V)".

Exemplo: 泣き出す (começar a chorar), （雨が）降り出す (começar a chover), 動き出す (começar a se mover), 歩き出す (começar a caminhar), 読み出す (começar a ler), 歌い出す (começar a cantar), 話し出す (começar a falar)

① 急に雨が降り出した。

De repente, começou a chover.

「forma V ます＋出す」não se pode usar para sugerir ou pedir a alguém que faça algo.

② 先生がいらっしゃったら、{○食べ始めましょう／×食べ出しましょう}。（convite）

Comecemos a comer quando o professor chegar.

③ 本を {○読み始めてください／×読み出してください}。（solicitação）

Comece a ler o livro, por favor.

4．(2) ～始める・～終わる・～続ける （verbos compostos）

Mostram o início, o final e a continuação de uma ação (V).

① 雨は3時間くらい続きましたが、電話がかかってきたのは、｛○雨が降り始めた／×雨が降った｝ときでした。

A chuva durou umas três horas, e recebi o telefonema quando estava começando a chover.

② 宿題の作文を ｛○書き終わる／×書く｝ 前に、友達が遊びに来た。

Meus amigos vieram me visitar antes que eu terminasse de escrever a composição da lição de casa.

③ 5分間走り続けてください。　Por favor, continue correndo por cinco minutos.

4．(3) ～忘れる・～合う・～換える （verbos compostos）

(1)「Forma V ます ＋ 忘れる」significa "esquecer-se de fazer uma ação (V)".

① 今日の料理は塩を入れ忘れたので、おいしくない。

A comida de hoje não está gostosa porque me esqueci de colocar sal.

(2)「Forma V ます＋合う」significa que "várias pessoas ou coisas fazem uma ação (V) mutuamente".

② 困ったときこそ助け合うことが大切だ。

É importante que nos ajudemos uns aos outros justamente quando há problemas.

(3)「Forma V ます＋換える」significa "mudar ao fazer uma ação (V)" ou "fazer uma ação (V) através de uma mudança".

③ 部屋の空気を入れ換えた。

Deixei que entrasse ar fresco na sala.

④ 電車からバスに乗り換えた。

Fiz baldeação do trem para o ônibus.

読む・書く

…ということになる

「…ということになる」usa-se para resumir vários dados e mostrar o resultado「…」.

① 申し込む学生が10人以上にならなければ、この旅行は中止ということになる。

Se não se inscreverem pelo menos 10 estudantes, a viagem será cancelada.

② 今夜カレーを食べれば、3日続けてカレーを食べたということになる。

Se comermos "curry" hoje à noite, significa que comemos o mesmo por três dias consecutivos.

Lição 11

1. ～てくる・～ていく（mudança）

(1)「～てくる」indica a transição para uma situação atual através de um processo de mudança.

① だんだん春らしくなってきました。

Pouco a pouco o clima está ficando primaveril.

(2)「～ていく」indica que se está avançando rumo a uma mudança futura.

② これからは、日本で働く外国人が増えていくでしょう。

É provável que a partir de agora aumente o número de estrangeiros que trabalham no Japão.

Ref. 「～てくる・～ていく (direção de um movimento)」：兄が旅行から帰ってきた。

(☞『みんなの日本語中級Ⅰ』Lição 6)

2. ～たら［どう］？

V たら

(1)「～すること」usa-se para fazer uma sugestão a alguém, indicando-lhe, de maneira simples, a opção que poderia ser tomada.「～たらいかがですか」é a forma polida de「～たらどう？」.

① A：今日は恋人の誕生日なんだ。 Hoje é o aniversário da minha namorada.
　B：電話でもかけて｛あげたらどう／あげたらいかがですか｝？

Por que não a chama por telefone ao menos?

(2)「～たらどう？」e「～たら？」são formas usadas para falar com um subordinado, pessoa mais jovem ou alguém de confiança, como um membro da família ou um amigo.

② A：少し熱があるみたい…。 Creio que tenho um pouco de febre.
　B：薬を飲んで、今日は早く寝たら？

Que tal tomar um remédio e dormir cedo hoje?

3. …より…ほうが…（comparação）

$$\left.\begin{array}{l} \text{V} \\ \text{Aい} \\ \text{Aな} \\ \text{S} \end{array}\right\} \text{forma dic} \quad \text{より} \left\{\begin{array}{ll} \text{V} & \\ \text{Aい} & \text{forma dic} \\ \text{Aな} & -\text{な} \\ \text{S} & \text{の} \end{array}\right\} + \text{ほうが…}$$

(1)「YよりXほうが…」usa-se principalmente para responder à pergunta「XとYとではどちらが…ですか」.

① 北海道と東京とではどちらが寒いですか。

   Onde faz mais frio, em Hokkaido ou em Tóquio?

   …○北海道のほうが寒いです。

   Faz mais frio em Hokkaido.

   ×北海道は東京より寒いです。

   Faz mais frio em Hokkaido do que em Tóquio.

(2)「YよりXほうが…」usa-se também quando não se responde a uma pergunta. Então, a forma enfatiza que "Você pensa que "Y é mais ... que X", mas o certo é que se trata do contrário".

② 今日は、北海道より東京のほうが気温が低かったです。

   Hoje, a temperatura em Tóquio foi mais baixa que em Hokkaido.

③ 漢字は見て覚えるより書いて覚えるほうが忘れにくいと思います。

   Penso que seja mais difícil se esquecer dos caracteres *kanji* quando eles são memorizados escrevendo-os do que mirando-os.

④ パーティーの料理は少ないより多いほうがいいです。

   Em festas, é melhor que haja muita comida do que pouca.

⑤ 子どもに食べさせる野菜は、値段が安いより安全なほうがいい。

   Para dar verduras às crianças, é melhor que elas sejam seguras para comer do que baratas.

Ref. 「～は～より (comparação)」：この車はあの車より大きいです。

「～がいちばん～ (superlativo relativo de algo indicado por um adjetivo)」：

日本料理［の中］で何がいちばんおいしいですか。

…てんぷらがいちばんおいしいです。

(☞『みんなの日本語初級Ⅰ』Lição 12)

4. ～らしい

S らしい

「S₁ らしい S₂」indica que S₂ possui uma qualidade ou propriedade típica de S₁.

① 山本さんの家はいかにも日本の家らしい家です。

   A casa da Sra. Yamamoto é tipicamente japonesa.

② 春らしい色のバッグですね。　A cor da bolsa é muito primaveril, não?

③ これから試験を受ける会社へ行くときは学生らしい服を着て行ったほうがいいですよ。

   Quando forem prestar exames de admissão nas empresas, é melhor irem vestidos com roupas apropriadas para estudantes.

「Sらしい」também pode ser predicado de uma oração.

④ 今日の田中さんの服は学生らしいね。

　　Hoje, Tanaka usa roupa apropriada para estudante, não?

⑤ 文句を言うのはあなたらしくない。

　　Queixar-se não parece ser uma característica sua.

5. ⋯らしい（rumores/dedução）

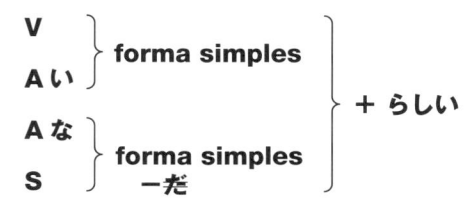

```
V
Aい    } forma simples
Aな    } forma simples    } + らしい
S         －だ
```

(1) 「⋯らしい」indica que「⋯」é uma informação lida ou escutada (um rumor).

① 新聞によると、昨日の朝中国で大きい地震があったらしい。

　　Segundo o jornal, parece que ontem pela manhã houve um forte terremoto na China.

② 雑誌で見たんだけど、あの店のケーキはおいしいらしいよ。

　　Li em uma revista que os bolos daquela loja são deliciosos.

③ 先生の話では、試験の説明は全部英語らしい。

　　Segundo o que disse o professor, parece que todas as explicações do exame são dadas em inglês.

(2) 「⋯らしい」pode indicar que uma pessoa pensa que talvez algo seja verdade (dedução), baseando-se em informação vista ou escutada.

④ パーティーが始まったらしい。会場の中からにぎやかな声が聞こえてくる。

　　Parece que a festa já começou. Ouvem-se vozes alegres do salão.

⑤ 山田さんはずいぶんのどがかわいていたらしい。コップのビールを休まずに全部飲んでしまったよ。

　　Parece que o Sr. Yamada estava com muita sede. Ele bebeu um copo de cerveja de um trago.

Ref. 「Sらしい（semelhança, exemplo）」：
春らしい色のバッグですね。

6. ～として

S として

Em 「～として」,「～」 indica uma qualificação, uma postura ou uma perspectiva.

① 会社の代表として、お客さんに新しい商品の説明をした。

　　Como representante da empresa, deu explicações sobre o novo produto aos clientes.

② 東京は、日本の首都として世界中に知られている。

　　Tóquio é conhecida em todo o mundo como a capital do Japão.

7. (1) ～ず［に］… (circunstâncias concomitantes, método)

Forma V ない + ず［に］… (mas「～する」→「～せず」)

「～ず［に］…」 indica circunstâncias concomitantes ou métodos. É o mesmo que 「～ないで…」, porém, usa-se mais no estilo escrito do que falado.

① その男は先週の土曜日にこの店に来て、一言も話さず、酒を飲んでいた。

　　Esse homem veio ao bar no sábado passado e esteve bebendo sem dizer uma palavra.

② 急いでいたので、かぎを｛かけずに／かけないで｝出かけてしまった。

　　（circunstância concomitante）

　　Como estava com pressa, saí sem fechar a porta com a chave.

③ 辞書を｛使わずに／使わないで｝新聞が読めるようになりたい。（método）

　　Gostaria de poder ler o jornal sem precisar usar o dicionário.

7. (2) ～ず、… (causa/motivo, parataxe)

Forma V ない + ず、… (mas「～する」→「～せず」)

(1) 「～ず、…」 indica uma causa ou um motivo. É o mesmo que 「～なくて、…」, mas usa-se mais na forma escrita.

① 子どもの熱が｛下がらず／下がらなくて｝、心配しました。

　　Estava preocupado por que a febre do meu filho não baixava.

(2) 「X ず、Y」 pode-se usar para unir orações ou frases, como em 「X ない。そして、Y。」 (não X, e sim Y).

② 田中さんは今月出張せず、来月出張することになりました。

　　Neste mês, o Sr. Tanaka não viajará a negócios, e sim, o fará no próximo mês.

Ref. 「～なくて（causa e efeito）」：家族に会えなくて、寂しいです。

(☞『みんなの日本語初級 II』Lição 39)

8. ～ている (experiência/antecedente)

(1) 「～ている」 indica um feito histórico, uma experiência ou um fato antecedente. Frequentemente, usa-se com um advérbio que expressa frequência ou duração como em 「～回」 (vezes), 「長い間」 (durante muito tempo), etc.

① この寺は今まで2回火事で焼けている。

　　Este templo se incendiou duas vezes até agora.

② 京都では長い間大きな地震が起こっていない。もうすぐ地震が来るかもしれない。

　　Durante muito tempo não têm ocorrido fortes terremotos em Quioto. É provável que ocorra um em breve.

(2) Esta forma 「～ている」 pode ser usada quando certa ação aconteceu no passado e esse feito está relacionado de alguma maneira com a situação atual do sujeito.

③ 田中さんは高校のときアメリカに留学している。だから、英語の発音がきれいだ。

　　O Sr. Tanaka fez o curso colegial nos Estados Unidos. Por isso, sua pronúncia de inglês é tão boa.

Ref. 「～ている (ação contínua)」：ミラーさんは今電話をかけています。

(☞『みんなの日本語初級Ⅰ』Lição 14)

「～ている (situação resultante)」：サントスさんは結婚しています。

(☞『みんなの日本語初級Ⅰ』Lição 15)

「～ている (hábito)」：毎朝ジョギングをしています。

(☞『みんなの日本語初級Ⅱ』Lição 28)

「～ている (situação resultante)」：窓が割れています。

(☞『みんなの日本語初級Ⅱ』Lição 29)

話す・聞く

～なんかどう？

「～なんか」usa-se para dar exemplos apropriados para quem escuta. Indica uma nuance de haver outras opções a serem consideradas e se usa para não impor sua opinião a quem escuta.

① ［店で］これなんかいかがでしょうか。　　　[Em uma loja] Que tal este?

② A：次の会長はだれがいいかな。

　　　Quem seria recomendável para o próximo presidente da empresa?

　　B：田中さんなんかいいと思うよ。

　　　Creio que o Sr. Tanaka seria uma boa escolha.

A expressão「～などどうですか」significa o mesmo, mas é um pouco mais formal.

Lição 12

1. …もの／もんだから

```
V  ⎫
Aい ⎬ forma simples
    ⎭                    ⎫
Aな ⎫                     ⎬ ＋ もの／もんだから
S  ⎬ forma simples       ⎭
    ⎭ ーだ → な
```

「…もの／もんだから」indica a causa ou o motivo de algo.

① 急いでいたものですから、かぎをかけるのを忘れてしまいました。

　　Como estava com pressa, esqueci-me de fechar a porta com a chave.

② とても安かったものだから、買いすぎたんです。

　　Como estava muito barato, comprei demais.

「X ものだから Y」usa-se quando aconteceu algo (Y) não desejado, e a pessoa, para se justificar, dá uma desculpa ou motivo para não arcar com a responsabilidade.

③ A：どうしてこんなに遅くなったんですか。

　　　Por que se atrasou tanto?

　 B：すみません。出かけようとしたら、電話がかかってきたものですから。

　　　Perdão. Quando ia sair, o telefone tocou.

Não é apropriado se usar 「…ものだから」como em 「から」e 「ので」para indicar objetivamente uma causa ou motivo.

④ この飛行機は1時間に300キロ飛ぶ｛○から／○ので／×ものだから｝、3時間あれば向こうの空港に着く。

　　Este avião voa a 300 quilômetros por hora, assim, em três horas, poderemos chegar ao aeroporto do nosso destino.

Ref. 「…から (motivo)」：

　　どうして朝、新聞を読みませんか。…時間がありませんから。

(☞『みんなの日本語初級Ⅰ』Lição 9)

2. (1) ～（ら）れる (passivo indireto (verbo intransitivo))

Além das orações na forma passiva direta, em que o objeto (Y) do verbo transitivo da oração ativa 「X が（は）Y を V する」se converte em sujeito da oração passiva, as orações passivas em japonês também incluem uma forma em que o objeto (Y) da oração ativa 「X

が（は）YにVする」transforma-se em seu sujeito. Também há outra forma que toma como sujeito o proprietário (Z) do objeto (Y) do verbo transitivo da oração ativa「XがYのZをVする」.

① 先生はわたしを注意した。(を → が（は）)
　→ わたしは先生に注意された。
② 部長はわたしに仕事を頼んだ。(に → が（は）)
　→ わたしは部長に仕事を頼まれた。
③ 泥棒がわたしの財布を盗んだ。(の → が（は）)
　→ わたしは泥棒に財布を盗まれた。　　　　(①〜③☞『みんなの日本語初級Ⅱ』Lição 37)

Em japonês, é possível, também, criar uma oração passiva a partir de outra de verbo intransitivo, como em「Xが（は）Vする」. Neste caso, a pessoa à qual afeta a ação X converte-se em sujeito da oração passiva, indicando que a ação a prejudicou (a perturbado ou causado danos).

④ 昨日雨が降った。(verbo intransitivo)

　Choveu ontem.

　→ わたしは昨日雨に降られて、ぬれてしまった。(passivo do verbo intransitivo)

　　Choveu ontem, e me molhei.

⑤ あなたがそこに立つと、前が見えません。(verbo intransitivo)

　Se você ficar em pé aí, não posso ver o que há na frente.

　→ あなたにそこに立たれると、前が見えません。(passivo do verbo intransitivo)

　　Se você ficar em pé aí, não posso ver o que há na frente.

O possuidor do sujeito de um verbo intransitivo também pode se converter em um sujeito de uma oração passiva.

⑥ わたしの父が急に死んで、わたしは大学に行けなかった。(verbo intransitivo)

　Meu pai morreu de repente e eu não pude seguir os estudos na universidade.

　→ わたしは父に急に死なれて、大学に行けなかった。

　　(passivo do verbo intransitivo)

　　Meu pai morreu de repente e eu não pude seguir os estudos na universidade.

2. (2) ～（ら）れる (passivo indireto (verbo transitivo))

Também é possível se usar um verbo transitivo em uma oração passiva para indicar que o sujeito foi perturbado ou danificado.

① こんなところに信号を作られて、車が渋滞するようになってしまった。

　　Ter posto semáforo em um lugar como este fez com que o trânsito se congestionasse.
② わたしの家の前にゴミを捨てられて困っています。

　　Estou com problemas por jogarem lixos em frente da minha casa.

　　Ref. 「～（さ）せられる／される（causativo-passivo）」：
　　太郎君は先生に掃除をさせられた。　　　　　　　　　　　（☞『みんなの日本語中級Ⅰ』Lição 4）

3. ～たり～たり

V たり

A い → ーいかったり

A な → ーだったり

S → ーだったり

(1) 「～たり～たり」usa-se para dar exemplos apropriados entre várias ações.
　① 休みの日は、洗濯をしたり、掃除をしたりします。（enumeração de ações）

　　　　　　　　　　　　　　　　　　　　　　　　　（☞『みんなの日本語初級Ⅰ』Lição 19）

(2) Na construção「V₁ たり V₂ たり」, V₁ e V₂ podem ser verbos com significados opostos para expressar o fato de que V₁ e V₂ ocorrem alternativamente.
　② 映画を見ているとき笑ったり泣いたりしました。

　　Enquanto via o filme, ri e chorei.
　③ この廊下は人が通ると、電気がついたり消えたりします。

　　Neste corredor, a luz se acende e apaga quando as pessoas passam.

Também se pode unir a adjetivos para mostrar que existem diversos tipos de coisas.
　④ この店の食べ物は種類が多くて、甘かったり辛かったりします。

　　Neste restaurante, há muitas variedades de comida, com sabores adocicados e picantes.

4. ～っぱなし

Forma V ます ＋ っぱなし

「～っぱなし」significa que "é ruim porque a mesma situação continua por muito tempo" quando, em geral, ela terminaria logo. Em「～」, inclui-se a forma V ます (raiz).

① 服が脱ぎっぱなしだ。片づけないから、部屋が汚い。

Você tira as roupas e as deixa espalhadas por aí. Como não as guarda, o quarto está desarrumado.

② こらっ。ドアが開けっぱなしだよ。早く閉めなさい。

Ei! Você largou a porta aberta! Feche-a imediatamente!

Ref. 「～たまま、…・～のまま、…」：
眼鏡をかけたまま、おふろに入った。

(☞『みんなの日本語中級Ⅰ』Lição 8)

5. (1) 　…おかげで、…・…おかげだ

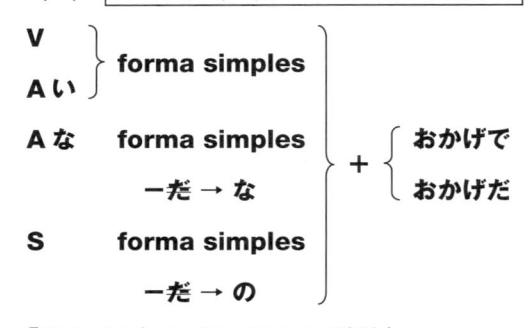

```
V
Aい    } forma simples
Aな    forma simples         + { おかげで
       －だ → な                 おかげだ
S      forma simples
       －だ → の
```

「X おかげで、Y・X おかげだ」usa-se quando um resultado favorável (Y) ocorre graças a uma determinada causa (X).

① 先生が手紙を書いてくださったおかげで、大きい病院で研修を受けられることになった。

Graças à carta que meu professor escreveu, me aceitaram como estagiário em um grande hospital.

② 値段が安かったおかげで、たくさん買えました。

Graças aos preços que eram baratos, pude comprar bastante.

③ 地図の説明が丁寧なおかげで、待ち合わせの場所がすぐにわかりました。

Graças à boa explicação do mapa, rapidamente pude saber onde era o lugar do encontro.

④ 皆様のおかげで、スピーチ大会で優勝することができました。

Graças a todos vocês, pude ganhar o concurso de oratória.

5．(2) …せいで、…・…せいだ

```
V
Aい    } forma simples
Aな    forma simples
       －だ → な                + { せいで
                                  せいだ
S      forma simples
       －だ → の
```

Ao contrário, quando se produz um resultado desfavorável, emprega-se「…せいで」ou「…せいだ」.

① 事故のせいで、授業に遅れてしまった。

　　Cheguei tarde à aula por causa do acidente.

② ｛風邪薬を飲んでいる／風邪薬の｝せいで、眠くなった。

　　Fiquei com sono {por ter tomado remédio para gripe/por causa do remédio para a gripe}.

話す・聞く

…みたいです（dedução）

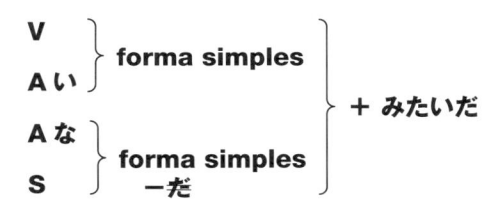

```
V
Aい    } forma simples
Aな    } forma simples      + みたいだ
S         －だ
```

「…みたいです」indica uma suposição a partir de uma determinada situação, como uma aparência externa, etc.

① 電気が消えているね。隣の部屋は留守みたいだね。

　　A luz está apagada, não é? Parece que não há ninguém na habitação vizinha.

② 田中さんはお酒を飲んだみたいです。顔が赤いです。

　　Parece que o Sr. Tanaka tomou bebidas alcoólicas. Seu rosto está vermelho.

「…みたいです」significa o mesmo que「…ようだ」. Na linguagem escrita ou em discursos formais, usa-se「…ようだ」.

③ 資料が届いたようですので、事務室に取りに行ってまいります。

　　Parece que os documentos já chegaram, assim vou ao escritório para pegá-los.

Ref.　「…ようだ（avaliação a partir de uma situação）」：
　　　隣の部屋にだれかいるようです。

（☞『みんなの日本語初級II』Lição 47）

読む・書く

どちらかと言えば、～ほうだ

```
V
Aい    } forma simples
Aな    forma simples      } + ほうだ
       ―だ → な
```

「どちらかと言えば、X ほうだ」usa-se para indicar que um tema "não é completamente X, no sentido estrito", mas, expressa-se X quando se diz de uma maneira generalizada, sem mencionar claramente se "é X ou não é X".

① この辺りには高い店が多いのですが、この店はどちらかと言えば、安いほうです。

Nestas redondezas, há muitas lojas caras, mas, esta, por assim dizer, tende a ser barata.

② わたしはどちらかと言えば、好き嫌いはあまりないほうだ。

Falando precisamente, não sou muito de dizer que não gosto disto ou daquilo.

③ この町はわたしの国ではどちらかと言えば、にぎやかなほうです。

No meu país, por assim dizer, esta cidade seria um lugar animado.

④ 食事しながらお酒を飲みますか。

Você toma bebidas alcoólicas durante as refeições?

…そうですね。いつもではありませんが、どちらかと言えば、飲むほうですね。

Hum... Não é sempre, mas, por assim dizer, tenho tendência a beber.

～ます／ませんように

(1)「～ますように／～ませんように」indica que alguém "deseja, espera ou implora que algo ocorra ou não ocorra". Frequentemente, utiliza-se com 「どうか」ou 「どうぞ」 quando uma pessoa fala consigo mesma ou quando adverte sobre algo a uma outra pessoa.

① 優しい人と結婚できますように。

Tomara que eu possa me casar com uma boa pessoa.

② どうか大きい地震が起きませんように。

Espero que não ocorra um grande terremoto.

③ 先生もどうぞ風邪をひかれませんように。

Professor, espero que não fique gripado.

Itens de Aprendizado

Lição	話す・聞く (Conversação e Compreensão Oral)	読む・書く (Leitura e Escrita)
Lição 1	お願(ねが)いがあるんですが (**Gostaria de lhe pedir um favor, poderia...?**)	畳(たたみ) (***Tatame***)
Objetivo	Fazer uma solicitação polida sobre algo que se vacila em pedir Expressar gratidão	Ler uma passagem e descobrir em que lugar estava escrito sobre a história de alguma coisa, assim como suas qualidades
Itens gramaticais	1．〜てもらえませんか・〜ていただけませんか・〜てもらえないでしょうか・〜ていただけないでしょうか	2．〜のようだ・〜のような〜・〜のように… 3．〜ことは／が／を 4．〜を〜と言(い)う 5．〜という〜 6．いつ／どこ／何(なに)／だれ／どんなに〜ても
Itens suplementares	＊〜じゃなくて、〜	＊…のだ・…のではない ＊何人(なんにん)も、何回(なんかい)も、何枚(なんまい)も…
Lição 2	何(なん)のことですか (**O que significa?**)	外来語(がいらいご) (**Palavras estrangeiras incorporadas ao japonês**)
Objetivo	Perguntar o significado de um termo desconhecido e confirmar o que se deve fazer a esse respeito	Encontrar exemplos e opiniões
Itens gramaticais	1．(1) 〜たら、〜た 　　(2) 〜たら、〜た 2．〜というのは〜のことだ・〜というのは…ということだ	5．〜みたいだ・〜みたいな〜・〜みたいに…

		3. …という〜 4. …ように言う／注意する／伝える／頼む	
Itens suplementares		＊〜ところ	
Lição 3		遅れそうなんです (Parece que vou me atrasar)	時間よ、止まれ！ (Ó, tempo, pare!)
Objetivo		Explicar uma situação e pedir desculpas polidamente Solicitar polidamente a modificação de algo	Perceber o conteúdo do texto olhando um gráfico
Itens gramaticais		1. 〜(さ)せてもらえませんか・〜(さ)せていただけませんか・〜(さ)せてもらえないでしょうか・〜(さ)せていただけないでしょうか 2. (1) …ことにする 　 (2) …ことにしている 3. (1) …ことになる 　 (2) …ことになっている	4. 〜てほしい・〜ないでほしい 5. (1) 〜そうな〜・〜そうに… 　 (2) 〜なさそう 　 (3) 〜そうもない
Itens suplementares		＊〜たあと、…	
Lição 4		伝言、お願いできますか (Poderia lhe pedir que comunique a mensagem?)	電話嫌い (Não gosto de telefone)
Objetivo		Receber uma mensagem ou pedir a alguém que comunique uma mensagem Deixar uma mensagem na secretária eletrônica	Ler uma passagem e refletir sobre a maneira em que mudam os sentimentos

Itens gramaticais	1．…ということだ 2．…の・…の？ 3．〜ちゃう・〜とく・〜てる	4．〜（さ）せられる・〜される 5．〜である 6．〜ます、〜ます、…・〜くも、〜くも、… [forma descontínua] 7．(1) 〜（た）がる 　　(2) 〜（た）がっている 8．…こと・…ということ
Itens suplementares	＊〜の〜 ＊〜ましたら、…・〜まして、…	
Lição 5 Objetivo	どう行ったらいいでしょうか (Como posso ir a...?) Perguntar e ensinar a forma de ir a algum lugar Perguntar e indicar uma rota	地図 (Mapa) Ler uma passagem enquanto pensa nos motivos que causaram algo
Itens gramaticais	1．(1) あ〜・そ〜 　　(2) そ〜 2．…んじゃない？ 3．〜たところに／で	4．(1) 〜（よ）う [forma volitiva] とする 　　(2) 〜（よ）う [forma volitiva] とする／しない 5．…のだろうか 6．〜との／での／からの／までの／への〜 7．…だろう・…だろうと思う
Itens suplementares	＊…から、〜てください	＊が／の

Lição 6	行かせていただきたいんですが (Queria que me deixassem ir)	メンタルトレーニング (Treinamento mental)
Objetivo	Comunicar a intenção de obter permissão Obter a permissão através de uma conversação	Ler uma passagem enquanto pensa no que indica o termo 「こそあど」
Itens gramaticais	1．(1) …て…・…って… 　　(2) ～って…	2．(1) ～つもりはない 　　(2) ～つもりだった 　　(3) ～たつもり・～ているつもり 3．～てばかりいる・～ばかり～ている 4．…とか… 5．～てくる 6．～てくる・～ていく
Itens suplementares		＊こ～
Lição 7	楽しみにしてます・遠慮させてください (Desejo ansiosamente - Por favor, perdoe-me por não...)	まんじゅう、怖い (Doces com recheio de pasta de feijão me dão medo)
Objetivo	Aceitar com gosto um convite Recusar polidamente um convite, explicando o motivo	Ler uma passagem enquanto confirma quem falou essa frase
Itens gramaticais	1．(1) ～なくてはならない／いけない・～なくてもかまわない	4．(1) ～なんか… 　　(2) …なんて… 5．(1) ～（さ）せる

		(2) ～なくちゃ／～なきゃ［いけない］ 2．…だけだ・［ただ］…だけでいい 3．…かな	(2) ～（さ）せられる・～される 6．…なら、…
	Itens suplementares		＊～てくれ
Lição 8		迷子になっちゃったんです (Me perdi!)	科学者ってどう見える？ (O que acha dos cientistas?)
	Objetivo	Explicar detalhadamente as circunstâncias relacionadas às pessoas e aos objetos	Encontrar a resposta para a pergunta do título Ler uma passagem enquanto pensa como se relaciona cada sentença com outra, antes e depois da mesma
	Itens gramaticais	1．(1) ～あいだ、… 　　(2) ～あいだに、… 2．(1) ～まで、… 　　(2) ～までに、… 3．～た～	4．～によって… 5．～たまま、…・～のまま、… 6．…からだ
	Itens suplementares	＊髪／目／形　をしている	
Lição 9		どこが違うんですか (Qual é a diferença?)	カラオケ (*Karaoke*)
	Objetivo	Comunicar os desejos e as condições sobre o que deseja comprar Comparar as diferenças e escolher o que deseja comprar	Compreender perfeitamente os fatos Compreender a opinião do autor

Itens gramaticais	1. お〜ます です 2. 〜てもかまわない 3. …ほど〜ない・…ほどではない	4. 〜ほど〜はない／いない 5. …ため［に］、…・…ためだ 6. 〜たら／〜ば、…た
Lição 10	そんなはずはありません (Isso não é possível)	記憶型と注意型（きおくがた・ちゅういがた） (Estilo-memória e estilo-atenção)
Objetivo	Responder com calma ante un mal-entendido	Ler enquanto tenta encontrar as diferenças Compreender as conclusões
Itens gramaticais	1. (1) …はずだ 　 (2) …はずが／はない 　 (3) …はずだった	2. …ことが／もある 3. 〜た結果（けっか）、…・〜の結果（けっか）、… 4. (1) 〜出（だ）す 　 (2) 〜始（はじ）める・〜終（お）わる・〜続（つづ）ける 　 (3) 〜忘（わす）れる・〜合（あ）う・〜換（か）える
Itens suplementares		＊…ということになる
Lição 11	お勧（すす）めのところ、ありませんか (Há algum lugar que me recomenda?)	白川郷の黄金伝説（しらかわごう・おうごんでんせつ） (A lenda do ouro de Shirakawa-go)
Objetivo	Oferecer e aceitar sugestões	Perceber o conteúdo vendo a fotografia Compreender por que surgiu a lenda do ouro
Itens gramaticais	1. 〜てくる・〜ていく 2. 〜たら［どう］？	5. …らしい 6. 〜として

		3．…より…ほうが…	7．(1) 〜ず［に］…
		4．〜らしい	(2) 〜ず、…
			8．…ている
	Itens suplementares	＊〜なんかどう？	
Lição 12		ご迷惑をかけてすみませんでした (Desculpe-me por ter incomodado)	【座談会】 日本で暮らす ([Sessão de debates] A vida no Japão)
	Objetivo	Pedir desculpas após receber uma reclamação Explicar as circunstâncias	Ler enquanto compara as diferenças de opinião
	Itens gramaticais	1．…もの／もんだから 2．(1) 〜（ら）れる 　　(2) 〜（ら）れる	3．〜たり〜たり 4．〜っぱなし 5．(1) …おかげで、…・…おかげだ 　　(2) …せいで、…・…せいだ
	Itens suplementares	＊…みたいです	＊どちらかと言えば、〜ほうだ ＊〜ます／ませんように

文法担当　Gramática
　庵功雄（Isao Iori）　　高梨信乃（Shino Takanashi）　　中西久実子（Kumiko Nakanishi）
　前田直子（Naoko Maeda）

執筆協力　Colaboração
　亀山稔史（Toshifumi Kameyama）　沢田幸子（Sachiko Sawada）　新内康子（Koko Shin'uchi）
　関正昭（Masaaki Seki）　　　　　田中よね（Yone Tanaka）　　　鶴尾能子（Yoshiko Tsuruo）
　藤嵜政子（Masako Fujisaki）　　　牧野昭子（Akiko Makino）　　　茂木真理（Mari Motegi）

編集協力　Assessora editorial
　石沢弘子（Hiroko Ishizawa）

ポルトガル語翻訳　Tradução
　AZ Support Co., Ltd.

イラスト　Ilustração
　佐藤夏枝（Natsue Sato）

本文レイアウト　Leiaute do texto
　山田武（Takeshi Yamada）

編集担当　Edição
　井上隆朗（Takao Inoue）

みんなの日本語　中級Ⅰ
翻訳・文法解説　ポルトガル語版

2011年 4 月25日　初版第 1 刷発行
2022年11月25日　第 2 刷　発行

編著者　スリーエーネットワーク
発行者　藤嵜政子
発　行　株式会社　スリーエーネットワーク
　　　　〒102-0083　東京都千代田区麹町 3 丁目 4 番
　　　　　　　　　　トラスティ麹町ビル 2F
　　　　電話　　営業　03（5275）2722
　　　　　　　　編集　03（5275）2726
　　　　https://www.3anet.co.jp/
印　刷　倉敷印刷株式会社

ISBN978-4-88319-561-9　C0081
落丁・乱丁本はお取替えいたします。
本書の全部または一部を無断で複写複製（コピー）することは著作権法上
での例外を除き、禁じられています。
「みんなの日本語」は株式会社スリーエーネットワークの登録商標です。

みんなの日本語シリーズ

みんなの日本語 初級I 第2版

- 本冊（CD付） ………………… 2,750円（税込）
- 本冊 ローマ字版（CD付） … 2,750円（税込）
- 翻訳・文法解説 ………… 各2,200円（税込）
  英語版／ローマ字版【英語】／中国語版／韓国語版／ドイツ語版／スペイン語版／ポルトガル語版／ベトナム語版／イタリア語版／フランス語版／ロシア語版（新版）／タイ語版／インドネシア語版／ビルマ語版／シンハラ語版
- 教え方の手引き …………… 3,080円（税込）
- 初級で読めるトピック25 … 1,540円（税込）
- 聴解タスク25 ……………… 2,200円（税込）
- 標準問題集 …………………… 990円（税込）
- 漢字 英語版 ………………… 1,980円（税込）
- 漢字 ベトナム語版 ………… 1,980円（税込）
- 漢字練習帳 …………………… 990円（税込）
- 書いて覚える文型練習帳 … 1,430円（税込）
- 導入・練習イラスト集 …… 2,420円（税込）
- CD 5枚セット ……………… 8,800円（税込）
- 会話DVD …………………… 8,800円（税込）
- 会話DVD　PAL方式 …… 8,800円（税込）
- 絵教材CD-ROMブック …… 3,300円（税込）

みんなの日本語 初級II 第2版

- 本冊（CD付） ………………… 2,750円（税込）
- 翻訳・文法解説 ………… 各2,200円（税込）
  英語版／中国語版／韓国語版／ドイツ語版／スペイン語版／ポルトガル語版／ベトナム語版／イタリア語版／フランス語版／ロシア語版（新版）／タイ語版／インドネシア語版／ビルマ語版
- 教え方の手引き …………… 3,080円（税込）
- 初級で読めるトピック25 … 1,540円（税込）
- 聴解タスク25 ……………… 2,640円（税込）
- 標準問題集 …………………… 990円（税込）
- 漢字 英語版 ………………… 1,980円（税込）
- 漢字 ベトナム語版 ………… 1,980円（税込）
- 漢字練習帳 ………………… 1,320円（税込）
- 書いて覚える文型練習帳 … 1,430円（税込）
- 導入・練習イラスト集 …… 2,640円（税込）
- CD 5枚セット ……………… 8,800円（税込）
- 会話DVD …………………… 8,800円（税込）
- 会話DVD　PAL方式 …… 8,800円（税込）
- 絵教材CD-ROMブック …… 3,300円（税込）

みんなの日本語 初級 第2版

- やさしい作文 ……………… 1,320円（税込）

みんなの日本語 中級I

- 本冊（CD付） ………………… 3,080円（税込）
- 翻訳・文法解説 ………… 各1,760円（税込）
  英語版／中国語版／韓国語版／ドイツ語版／スペイン語版／ポルトガル語版／フランス語版／ベトナム語版
- 教え方の手引き …………… 2,750円（税込）
- 標準問題集 …………………… 990円（税込）
- くり返して覚える単語帳 …… 990円（税込）

みんなの日本語 中級II

- 本冊（CD付） ………………… 3,080円（税込）
- 翻訳・文法解説 ………… 各1,980円（税込）
  英語版／中国語版／韓国語版／ドイツ語版／スペイン語版／ポルトガル語版／フランス語版／ベトナム語版
- 教え方の手引き …………… 2,750円（税込）
- 標準問題集 …………………… 990円（税込）
- くり返して覚える単語帳 …… 990円（税込）

- 小説 ミラーさん
  ―みんなの日本語初級シリーズ―
- 小説 ミラーさんII
  ―みんなの日本語初級シリーズ―
  ………………… 各1,100円（税込）

スリーエーネットワーク

ウェブサイトで新刊や日本語セミナーをご案内しております。
https://www.3anet.co.jp/